JN137744

HEADS UP SOCIOLOGY

10代からの社会学図鑑

DR. CHRIS YUILL AND DR CHRISTOPHER THORPE
クリス・ユール&クリストファー・ソープ 著
DR. MEGAN TODD
ミーガン・トッド 監修
MACHI TANAKA
田中 真知 訳

三省堂

Original Title
Heads Up Sociology

Printed and bound in China

www.dk.com

HEADS UP SOCIOLOGY

10代からの社会学図鑑

目次

私ってだれ?

社会は存在するのか?

なぜすべてが悪くなるのか？

どうして世界はこんなに不公平なのか？

現代の文化

社会学って何?

男と女は本当にちがうの?　どうして大金持ちもいれば、家のない人もいるの?　どうして罪を犯す人がいるの?　これらは人生の中心ともいえる問題です。このような疑問をもったことがあるならば、あなたはすでに社会学者の卵です。社会学は社会を研究する学問ですが、それは世界を新しい目でとらえる方法でもあります。

社会学者の関心は、個人や集団や社会がどのように形づくられ、互いにどのように関係し合っているかにあります。家族や教育や宗教や政府の仕事などの社会制度に注目し、それらが人びとの生活にどのように影響を与えているかを考えます。

社会学が生まれたのは18世紀の終わりです。当時は工業化のために、世界の多くの地域で急速な変化が起きていました。ドイツの哲学者カール・マルクスや、同じ時代の思想家たちは、社会に広がる不平等に関心を抱きました。社会学者たちは、いったい何が起きていて、そのために社会や人びとはどうなるのかを理解しようとしました。社会学は、社会を研究するために、さまざまな手法を使う社会科学です。根拠となる事実や論理を用いて、マルクス主義やフェミニズムの

ような理論を発展させ検証して、社会の理解を深めてきたのです。社会学者になるにはアメリカの社会学者チャールズ・ライト・ミルズのいう「社会学的想像力」が必要です。これは世界についての常識を疑い、新しい問いかけをする能力です。たとえば、「どうして人種差別や同性愛者への嫌悪が存在するのか?」とか「ニュースは本当に真実を伝えているのか?」といった問いかけです。

いちばん重要なことは、社会学は私たちの人生をより広い視野でとらえ、さらによいものにしていく可能性を与えてくれるという点です。ポーランドの社会学者ジグムント・バウマンは、社会学の目的は「個人の助けになること」だと述べています。

社会学者はどんなことをするのか?

学問の世界で活躍する社会学者

講師

講師の仕事場は総合大学や単科大学である。特定の社会学の分野で大勢の学生に講義をしたり、ゼミや小さなグループでディスカッションしたりする。また、社会学について本や論文を書く。

研究者

研究者も大学で仕事をする。重要な社会の問題について、より深く研究するプロジェクトに取り組む。

公共サービスで活躍する社会学者

警察

社会学は主に、一部の個人にとって物事がうまく進まないのはなぜかという問題を扱う。こうした知識は警察や刑務所で働く人に役立つ。人がなぜ法律を破るのかを理解する手助けをする。

ソーシャル・ワーカー

社会学は、なぜ社会の中で一部の人たちが苦労するのかに光をあてる。人びとがどんな問題に直面し、そこからどんな影響を受けているのかを理解することで、ソーシャル・ワーカーは弱い立場の人びとや、社会的に排除された人びとの生活改善を手伝うことができる。

ビジネスで活躍する社会学者

新人採用

人びとを動機づけるものは何なのか、社会にはそのためにどのようなチャンスが開かれているのか。その理解が適材適所の採用に役立つ。

社会学の関心は人びとにあり、社会学者は多くの異なる仕事に使われるさまざまな技術を学びます。情報を分析し、心を探究し、問題をより深く探ろうとします。社会学を学ぶ人たちの多くは、自分の技術や知識を、さまざまな仕事の分野に応用して、社会で苦労している人たちを助け、人びとの力を引き出し、楽しんで仕事ができるようにしたいと思っています。

作家

アカデミックな社会学者の中には、本を書いたり、雑誌に論文を書いたりするのを主な仕事にしている人もいる。それらの本は読者に社会学のテーマを紹介したり、特定のトピックについて深く探究したり、分析を加えたりする。

政治家

社会学は社会がどのように機能しているのか、よい社会はどのようにつくられるのかを理解する助けになる。それは政治家がかならず知らなくてはならないことである。社会学は不平等と差別の原因を明らかにすることができる。

政策アナリスト

政策アナリストは、社会がより円滑に、だれにとっても公平に機能するよう政策の立案を行う。

教師

社会学は、人びとを動機づけたり刺激したりするものが何かを知る助けになる。それは教師に不可欠な技量である。家族という存在が社会において直面する課題を知ることも、悩んでいる生徒の力になるための助けとなる。

人事部

会社の人事部で働くとは、同僚の可能性を引き出すことである。社会学は、会社のようなある環境の下での、人びとの行動の様式や理由を説明することができる。

マーケティング

社会の機能や人びとの行動パターンへの理解は、マーケティング分野の仕事をするうえで欠かせない技能である。この知識はマーケティングの専門家が製品の販売戦略を展開するのに役立つ。

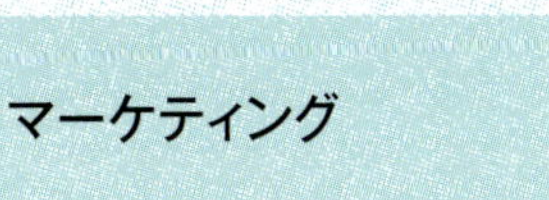

研究方法

社会学は社会がどのように機能しているかを研究する科学、もしくは社会科学です。ほかの科学の分野と同じく、そこには新しい発見と洞察が不可欠です。社会学者は実験室で実験をすることはありません。彼らはできるだけ人びととかかわりをもとうとし、人びとが自分たちの生きている社会をどのようにとらえているかを理解しようとします。ここに紹介するのは、社会学者が情報を集めるために使われる代表的な方法です。

インタビュー

「半構造化インタビュー」と呼ばれるアプローチは、ある程度目的に沿った会話のことです。インタビュアーはリラックスした雰囲気をつくり、研究の対象となっているテーマが彼らの生活にどのような影響を与えているか自由に話してもらいます。話の内容が真実かどうかは問題ではありません。重要なのは、インタビューされている人にとって重要なことは何か、彼らがまわりの世界をどのように解釈し、理解しているかです。

フォーカスグループ

フォーカスグループをつくるのは、社会における一定の層が特定の状況をどのように感じているかを知るためです。社会学者は、一般的に見て共通点のある6人から12人のメンバーを集めます。たとえば、コミュニティや職場や属している青年グループが同じといった人たちです。社会学者は研究テーマについての情報を集めるとともに、グループのメンバー同士の相互作用にも注目します。

調査と統計

研究者は大勢の研究対象者から情報を得るためにアンケート調査を行います。そこには注意深く設定された質問と、回答の限られた選択肢が用意されています。研究者は結果を解析して、そこにパターンを見いだします。政府あるいは組織が行う統計（データセット）は数千人規模の回答に基づく情報を提供してくれます。膨大な人びとから得られた情報をコンピューターで処理した「ビッグデータ」は、世界中の人びとの行動や考え方についての洞察をもたらしてくれます。

エスノグラフィー

研究者がコミュニティや職場などのグループに溶けこんで、長い時間、ときには何年かにわたって観察調査をつづけ、メンバーの生活の様子や価値観や習慣を明らかにしようとすることもあります。エスノグラフィー（民族誌）と呼ばれるこの手法は、できるだけグループのメンバーの経験に近づくのが目的です。研究者だと明かさずにコミュニティの一員となるには、多くの準備が必要です。しかし、それにより、よりオープンなアプローチが可能になります。

私ってだれ？

私たちのアイデンティティは、ファッションや音楽などの好みだけでなく、階級、民族、年齢、性別などにも影響を受けています。自分はだれなのか、どこに属しているのか。社会の中で、人びとはそのことを探しています。社会学者は、個人と、その個人が生きている社会との関係性を探究するのです。

私のアイデンティティって何?

女の子、男の子

女性と仕事

私はどこに属するの?

人種って重要なの?

だれを愛していますか?

年齢と社会

家族ってどういう意味?

いまは、みんな中産階級なの?

私のアイデンティティって何?

私たちのアイデンティティはどこから来るのでしょう。社会学者はアイデンティティとは生まれつき決められているのではなく、人種や性別といった簡単に変えられないものと、職業や服装のように変えやすいものとが合わさってつくられていると見ています。

変化する世界

一昔前までは、多くの人びとは一生を通して1つの仕事しかもちませんでした。このため自分が何者なのか迷うことはありませんでした。また、宗教のように人びとの生活に深く埋めこまれた強力な慣例があったため、人びとは世界にはめこまれていました。しかし、今日ではそのような要素が人生を決定する機会は減り、自分が何者かについての揺るぎない確信をもてなくなりました。

世界で最初に「自撮り」をしたのはフィラデルフィアのロバート・コーネリアス。1839年のこと。

アイデンティティを生み出す要因

社会学者は、アイデンティティ、つまり自分がだれなのかという感覚が、社会のさまざまな要素やプロセスと個人との関係から、どのように生まれてくるのかを研究します。イギリスの社会学者リチャード・ジェンキンスは、アイデンティティが「弁証法的」につくられると述べています。「弁証法的」とは2つの対立する要素が合わさって、新しい何かがつくられること。ここでいう2つの対立する要素とは、個性のように自分である程度コントロールできるものと、階級、ジェンダー、生物学的な性、民族など自分でコントロールしにくい社会的特性です。

アイデンティティのさまざまな社会的特性については、この章のあとのほうでくわしくふれます。そこで私たちはそれらの特

性が社会的につくられたものであるということを見ていきます。つまり、私たちが「自然」だと思っているものは、じつは社会的・歴史的・文化的に長い時間をかけてつくりあげられた結果なのです。この考え方は多くの点で社会学とはどういうものかを理解する鍵となります。

> **自分自身であれ。**
> **ほかの人の席は**
> **もう埋まってしまったから。**
> **オスカー・ワイルド　19 世紀アイルランドの劇作家**

アイデンティティの管理

多くの人びとにとって、同一のアイデンティティを維持することは困難です。生き方によって、あるいは病気にかかることによって、ときには理不尽な汚名をきせられたり、「よそ者」や「悪者」という烙印を押されることもあるからです。米国の社会学者アーヴィング・ゴッフマンは、『スティグマの社会学』(1963) の中で、汚名をきせられることの影響を分析しました。ゴッフマンは、ゲイや囚人、精神疾患に苦しむ人たちの中には、まわりのネガティブな反応を避けるためにアイデンティティを管理しなくてはならない人もいると述べています。自分のアイデンティティがうっかり露わになることがないよう神経を使いすぎて、精神的なストレスを抱えこんでしまうのです。

1990 年代にイギリスの社会学者アンソニー・ギデンズは、伝統の多くが変化している中、われわれのアイデンティティにおいて変わらないのはどのような側面かを明らかにしようとしました。ギデンズは、自分でコントロールできる対象として、人びとの関心は身体に向けられると指摘します。ソーシャルメディアに投稿された膨大な数の自撮り写真のことを思えば、どれほどの時間とお金が自分の外見に費やされているかがわかります。人はしばしば身体の演出の仕方によって、どんな人でありたいかを表現します。たとえばタトゥーは自分が所属する社会集団を示すものです。アイデンティティを見いだすとは、社会に居場所を見つけるうえで重要なプロセスなのです。

参照：122-123, 144-145

私たちはみなちがっている
私たちのアイデンティティはさまざまな要因が混じり合ってできている。固定した要因もあれば、選択できる要因もある。私たちは孤立した存在ではない。私たちが暮らす社会もまたアイデンティティの創造を手助けしている。

女の子、男の子

男の子、あるいは女の子であるとはどういうことか、私たちは知っているつもりです。それは自然に決まることだと思っています。私たちは男の子か女の子として生まれ、その生物学的な事実に基づいた行動をとります。しかし、社会的性である「ジェンダー」は、私たちが暮らす社会と深くかかわって形成されます。

テレグラフ紙は、女性(男性ではない)を形容するのに使われる25個の単語をリストアップした。そこには「バカな」「親分ぶる」「生意気な」という言葉が含(ふく)まれていた。

生物学がすべてなのか?

性というアイデンティティは、男の子であるにせよ女の子であるにせよ、生物学だけにかかわるものなのでしょうか。それとも、もっと複雑なものでしょうか。性は私たちが暮らす社会と時代に深く関係しています。このような社会的性をジェンダーといいます。性に基づく特徴が自然に、あるいは遺伝子によって決まるのであれば、場所や時代にかかわらず、それは同じはずです。しかし、男性的・女性的といわれるものは、つねに変化していて、けっして固定されたものではありません。

たとえば、100 年前と現在とでは、男性や女性のあるべき姿は、ともに大きく異なっています。100 年前には女性には選挙権もなければ、女性が意見を言うことさえはばかられていました。しかし、いまでは女性でもアメリカ合衆国の大統領に立候補できます。ほかにも、ジェンダーの変化に応じて変わったさまざまなものがあります。たとえば、ピンク色はいまは主に若い女性と、とくに小さな女の子の服やおもちゃと結びつけられていて、それらはみな色合いがよく似ています。けれども、ビクトリア朝のイギリスではピンクは男の子の色でした。当時は赤が「男性的」な色とされていて、ピンクはその「若い」バージョンと見られていました。

女の子は、自分の社会から、どうやって女の子になるかを学ぶ。

社会化

私たちは社会への適応の仕方を学ぶ中で、社会では何が受け入れられ、何が私たちに期待されているかを理解します。このプロセスを社会学者は「社会化」と名づけました。男の子や女の子としてのふるまい方を身につけることがジェンダーの社会化です。アメリカの社会学者アイリス・マリオン・ヤングは『女の子らしく投げる』という本の中で、女の子は、自分はボールを上手に投げられない、からだが弱くて、傷つきやすいと思うように仕向けられ、男の子はその反対であるよう仕向けられると述べています。

「助けはいらない」

イギリスの医療社会学者ロザリーン・オブライエンは、ヘゲモニックな男らしさは健康に悪影響を及ぼすことがあると述べた。男性は身体や感情について話すと自分の弱みをさらしてしまうかもしれないと考えるので、健康上の問題が起きても治療せずに放置しがちである。

ジェンダーを演じる

アメリカの社会学者ジュディス・バトラーは、私たちは男性または女性としての行動の仕方を学ぶのだ、と述べます。ジェンダーは、期待される社会的行動（ジェンダー行為遂行性）によってつくりあげられるというのです。ジェンダーは私たちの内側ではなく、外側にある何かなのです。しかし、ジェンダーを継続的に演じるうちに、そのような社会的慣行が自然なものだという誤った印象を抱くのです。

オーストラリアの社会学者レイウィン・コンネルは、社会には「男らしさ」や「女らしさ」が階層化されているといいます。男らしさの最も強力な形は「ヘゲモニック」と呼ばれ、タフで、気前がよく、外向的な、いわゆる「マッチョ」です。しかし女性であっても、ドイツのメルケル首相やイギリスのサッチャー元首相のようにヘゲモニックと感じられる行動をとることはありえます。

ジェンダーは、生物学的なものではなく、より広い社会と、社会が期待する男らしさや女らしさにかかわる存在のあり方なのです。

男の子も同じように、どのように男の子になるかを学ぶ。

合わせることを学ぶ

男の子や女の子が「社会化する」とは、社会で受け入れられるふるまいと、受け入れられないふるまいを学ぶことである。男の子が人形で遊びたがると、「ふつう」に合わせるために、それをやめさせられることもある。

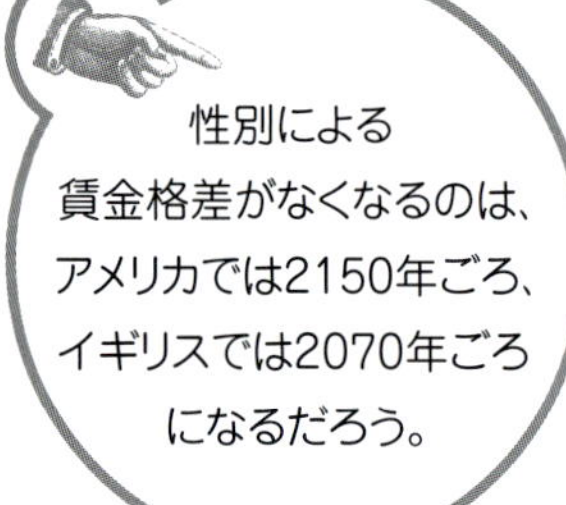

性別による
賃金格差がなくなるのは、
アメリカでは2150年ごろ、
イギリスでは2070年ごろ
になるだろう。

女性と仕事

多くの社会で、女性は男性よりも職を得る機会や給料が少ないという差別があります。しかも、ほとんどの女性の仕事は有給雇用にとどまりません。女性は家事をしたり、ひとの世話をしたりもします。でも、このような仕事は通常無給です。

女性のための仕事

第二次世界大戦の間、極度に不足していた工場労働者をおぎなうために、アメリカ政府は多くの女性労働者の雇用を開始しました(下のコラム参照)。政府は、女性は工場で働くより、秘書や主婦に向いているという従来の固定観念をひっくり返そうとしました。このキャンペーンは効果があり、女性労働者の数は飛躍的に増えました。しかし、戦争が終わって男性が帰ってくると、女性労働者の需要は減りました。工場に雇われたすべての女性労働者は失業し、女性にふさわしい仕事についての戦前の固定観念が復活します。

この例は、女性の仕事が社会によって決定されていることを示しています。第二次世界大戦の間、女性は男性と同じ仕事をすることを許され、彼女たちはそれができたのです。けれども、社会には差別が存在します。女性には、つねに男性と同じ機会を与えられているわけではないのです。女性が男性と同じ教育水準であっても、多くの社会には女性を男性よりも低い地位にとどめようとする差別があります。雇用にあたっても、女性には多くの制限があります。

ロージーはリベット工

第二次世界大戦中、アメリカ政府は「リベット工のロージー」というキャラクターを創造し、女性が工場で働くことを奨励した。男性用の青いオーバーオールを着て「私たちはできる」と宣言するロージーが、女性に奮起を促した。

**女の仕事は
けっして終わらない。**
(出典不詳)

ガラスの天井

ガラスの天井とべたついた床の間で身動きができない――女性の労働環境が、そんなふうにたとえられることがあります。見上げれば、ガラスの天井を通して、会社のトップクラスの仕事が見えている。でも天井を破って、そこへたどりつくことはできない。べたついた床は、女性を接客や掃除のような低賃金で社会的評価が低い仕事に縛りつけることの象徴です。

数十年にわたるフェミニズム運動とヨーロッパと北米における同一賃金法の存在にもかかわらず、多くの国で女性の賃金は男性よりかなり低くなっています。アメリカでは男女の賃金格差は20%で、イギリスでは14%

です。これはたとえていえば、男性の給料が1月1日から12月31日まで支払われるのに対して、女性は11月10日までしか支払われないのと同じです。残りの日々は事実上タダ働きです。

家事

多くの女性の「仕事」には子育てや家事など無報酬の労働がたくさんあります。イギリスの社会学者アン・オークレーは1970年代中ごろに発表した『家事の社会学』の中で、家庭の仕事は賃金労働と同じように重要で、過酷で、価値があると強調しました。女性は男性よりも多くの家事をこなし、子どもの世話を行っています。

2011年にイギリスの社会学者マン・イー・カンらが行った調査では、男性がこなす家事が週平均148分だったのに対し、女性は280分でした。この状況は女性同様、男性にも影響を与えています。男性も女性も性差というステレオタイプや男女の仕事についての固定観念に縛られています。

職場の不平等は、社会で女性が直面するほかの不平等を反映しています。女性が仕事をするうえで直面する問題は、女性への差別の表れの1つです。

女性の役割
ビジネスや法律、医学の分野で取締役の地位にある女性は、男性にくらべるといまだに少数である。

参照：48–49, 64–65

多くの職業において女性は低賃金、
低い地位や役割に甘んじている。

ジュディス・バトラー
1956-

アメリカの社会学者・哲学者ジュディス・バトラーは、女性学とジェンダー問題において世界的に著名な人物です。イェール大学で哲学を学び、現在はカリフォルニア大学バークレー校で修辞学と比較文学の教授を務めています。最も有名な著書『ジェンダー・トラブル――フェミニズムとアイデンティティの攪乱』（1990）では、ジェンダーとセクシャリティをめぐる伝統的な理論に疑問を呈しています。学問的な仕事だけでなく、人権擁護活動にも積極的です。

ユダヤの遺産

1956年に生まれたバトラーはオハイオ州のクリーブランドのユダヤ人家庭に育った。地元のシナゴーグでラビと議論する中で、14歳で哲学に興味をもった。ホロコーストで身内を何人も亡くしていたバトラーの両親は熱心なユダヤ教徒だった。バトラーが受け継いだこのようなユダヤの遺産が、暴力や不正に対して声をあげる決心に結びついた。

ジェンダーのアイデンティティ

バトラーは著書『ジェンダー・トラブル』で、人は男性か女性のどちらかとして生まれるという伝統的な考えに異議を唱える。バトラーによれば、ジェンダーは生まれもったものではなく、選びとるものだという。これを彼女は「ジェンダー行為遂行性」と呼ぶ。すべての社会で、男性は「男らしく」、女性は「女らしく」ふるまうよう期待される。このパターンをくり返すうちに、人は社会が期待するように男らしく、または女らしくふるまうことに慣れていく。

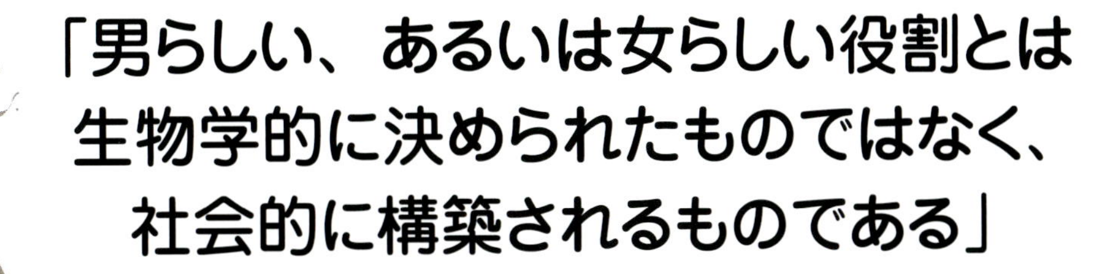

「男らしい、あるいは女らしい役割とは生物学的に決められたものではなく、社会的に構築されるものである」

クィア理論

バトラーは「クィア理論」と呼ばれる考え方の発展に影響を与えた。クィア理論とは「ノーマルな」セクシャリティなど存在しないという考え方である。バトラーは性的アイデンティティが「流動的」であると主張し、ジェンダーとセクシャリティを表現するときにレッテルを貼らないように警告する。バトラーは同性愛者の人権の積極的な擁護者として、ジェンダーに対する伝統的な見方を問い直す積極的取り組みが必要だと考えている。

バトラーは1990年代には、彼女のファンたちによって『ジュディ』というファン雑誌が発行されるほどの有名人になった。

戦争とメディア

バトラーは著書『戦争の枠組――生はいつ嘆きうるものであるのか』（2009）の中で、メディアがどのようにして戦争の犠牲者の苦しみから私たちを遠ざけているかについて論じている。西洋社会の人びとは、イラクやシリアのような国で起きている戦争の犠牲者や拷問から、すぐに目を背ける。西洋人にとって、彼らの生活や経験はとても遠い世界のことである。私たちがすべての戦争犠牲者の苦しみをしっかり受け止められるよう、バトラーは政府や世界機関に働きかけている。

私はどこに属するの?

広大なグローバル社会では、自分はこの世界の中で何者であり、どこにいるのかについて確かな実感をもちにくいでしょう。とくに若い人たちは、そうです。多くの人は「ちがい」という考え方を好むと同時に、ひとりでいることに自信をもてず、より小さな集団に所属することで、アイデンティティと安全を得ています。

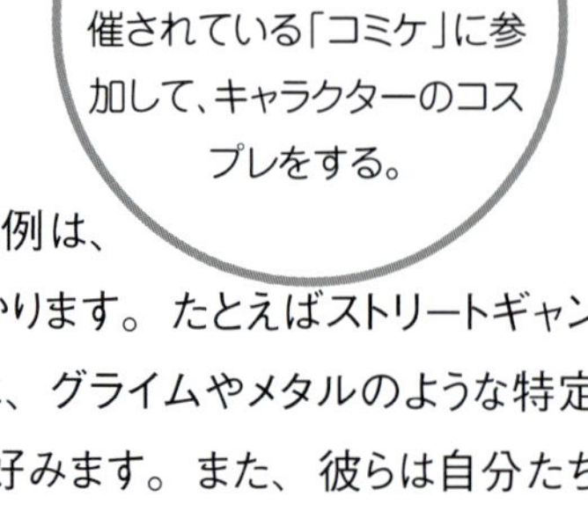

マンガや映画やSFのファンは、世界中で開催されている「コミケ」に参加して、キャラクターのコスプレをする。

私たちは所属したい

自分は何者か。何を信じ、世界にどのように見られたいか。それを知る1つの方法が「サブカルチャー」への参加です。サブカルチャーは共通のアイデンティティや外見を共有する小集団です。そこで、私たちはただ流行を追うのではなく、自分が何を信じ、世界をどのように解釈(かいしゃく)し、理解するのかという点で、自分のアイデンティティを見つけ、主流の文化とのちがいを楽しむことができます。サブカルチャーは、同じ心をもった人たちとのつながりや交流を可能にします。重要なことは、それが世界の支配的な文化のあり方とは異なる角度から、自分が何者かを理解させてくれる点です。

ゴスとオタク

サブカルチャーの例は、いたるところで見つかります。たとえばストリートギャングのメンバーの多くは、グライムやメタルのような特定のスタイルの音楽を好みます。また、彼らは自分たちを表現する「呼び名」をつくりたがります。外の社会からレッテルを貼(は)られることもあります。

西洋の有名なサブカルチャーに「ゴス」があります。ゴスはある特徴(とくちょう)的なスタイルのロック・ミュージックのまわりに形成されたサブカルチャーです。また、「トレッキー」は、「スタートレック」という映画やテレビシリーズの熱心なファンからなるサブカルチャーです。どのサブカルチャーも、それぞれ極端(きょくたん)に異なっていますが、彼らが主流と見なすものから卓越(たくえつ)していたいという願望がある点

は共通しています。

種族のサインの認知

サブカルチャーの種類を特定するには、そのメンバーがグループ同士のコミュニケーションにかならず使っているシンボルやサインを探しましょう。たとえば、黒はゴスのグループが服や髪や化粧に使う色です。トレッキーならば「テクノトーク」に熱心で、クリンゴン語のような架空の地球外言語を学ぼうとさえします。そのほかにも姿勢や態度や信条からもサブカルチャーがわかります。それらのサインは、広い社会に対して「私たちはあなたたちのようではない」というメッセージを送っているのです。

あらゆる文化、またはサブカルチャーは共通の価値体系によって定義される
ケニス・E・ボールディング
イギリスの経済学者

ゴスの集い

年に2回、北イングランドの崖の上にある港町ウィットビーでは、大勢のゴスが集まって自分たちのカルチャーを祝い、音楽を聞いて週末を過ごす。ウィットビーはアイルランドの作家ブラム・ストーカーが1897年に発表したホラー小説『ドラキュラ』の舞台。吸血鬼や死霊はゴスの中心的なモチーフなのだ。

過激派から主流派へ

サブカルチャーは数十年前にくらべると、急速に主流の文化に吸収されてきています。たとえば、シカゴのゲイや黒人のコミュニティにルーツをもつハウス・ミュージックは、いまでは大衆的なダンス・ミュージックとして人気です。それでも長続きしなくなったとはいえ、いまもサブカルチャーは、私たちがなぜ少数派の文化に魅力を感じるのか、どのように人は自分のアイデンティティを創り、表現するのかについて貴重な洞察を与えてくれます。

参照：14–15, 122–123

人種って重要なの?

1つの種
人間は外見や生活スタイルから見るときわめて多様だ。しかし、私たちの遺伝子はみなほとんど同じである。

私たちは人類という1つの科学的カテゴリーに所属している……

21 世紀中には、世界の人びとの間には人種という概念に基づくちがいがあるという、人為的につくられた見方がなくなると信じたいものです。しかし、人びとの中や、制度や国家のレベルなど、いたるところに、いまだに人種という見方をあてはめている例が見られます。

色で分けなきゃいけないのは洗濯物だけだ。
(出典不詳)

民族性への関心

オバマ大統領は 2009 年の就任演説で、「自分はいまは大統領だが、かつて自分の父親は黒人だったためにレストランで給仕してもらえなかった」と話しました。オバマは法的に人種差別が終わりを告げた 1960 年代のことを念頭に置いていたのです。オバマの大統領就任は、アメリカ合衆国における人種による分断の終わりと受け取られました。しかし、その後に起きたさまざまな事件は、問題が解決されたわけではないことを示しています。2016 年のアメリカ大統領選挙、イギリスのヨーロッパ連合(EU)からの脱退(Brexit)、ヨーロッパ中での極右政党の政治的躍進などが、民族性や人種や国家のアイデンティティについて新しい関心を促すことになりました。結局のところ、「人種って重要なの?」という問いへの答えは「イエス」だったのです。

異なる集団同士より、1つの民族集団内のほうが遺伝的変異は多様である。

「人種」は存在しない

「人種」という用語に科学的根拠はありません。ほとんどの人間は遺伝的にはほぼ同じです。ごくわずかなちがいはあっても、特別な遺伝子グループとして分類するのは不可能です。人種は社会的に構成された概念の一例です。もともとは存在していないのに、社会によって、あたかも現

参照:26-27, 102-103

私たちを分断するのは社会的圧力だけである。

実であるかのように扱われてきたのが人種という概念です。社会学者はそれを「人種化」と呼びます。歴史的に見ても、人種がつねに問題とされてきたという証拠はほとんどありません。たとえば古代ローマ人は肌の色にこだわりませんでした。彼らは文明化されているか野蛮であるかで、人を判断していました。

差別の影響

人種差別は私たちの社会に深く根づいています。少数民族は、仕事や住居や教育において、しばしば差別されます。少数派の人たちの健康状態が、そうでない人たちにくらべてよくないことも明らかになっています。食習慣のような生活習慣だけでなく、虐待や差別や社会的烙印のような人種差別に起因する慢性的なストレスが、健康に深刻な影響を及ぼすと社会学者は述べています。

制度的な人種差別

医療サービス、警察、民間企業のような機関が、人種によって人びとの扱いを変えることがあります。それは、そこで働いている人が人種差別主義者だからではなく、その機関に民族性について否定的考え方をする文化があるためです。人種は、いまだに問題であることをやめないのです。

参照：86-87, 91

オンライン活動家

2012年にアメリカで自警団員による黒人射殺事件が起こり、注目を集めた。この事件をきっかけに2013年に始まったのがブラック・ライヴズ・マター運動と呼ばれる抗議活動である。活動家たちは1人のリーダーの下で団結するのではなく、フェイスブックやツイッターのようなソーシャルメディアの力を利用して活動を広げている。

イライジャ・アンダーソン
1943-

アメリカの社会学者イライジャ・アンダーソンは、アメリカ合衆国の都心の過密地区における人種と人種差別問題の研究を集中的に行ってきました。アンダーソンはインディアナ大学とシカゴ大学で学び、現在はイェール大学教授として都市エスノグラフィーを教えています。都市エスノグラフィーは都市の生活と文化についての研究です。アンダーソンの研究テーマの多くは、白人中流社会で黒人がどう扱われているかという点にあります。

街角の人生

アンダーソンは、第二次世界大戦中、ミシシッピ州の綿花を栽培しているプランテーションに生まれた。戦後、両親は貧困と南部の人種差別を逃れて、シカゴへ移る。そこで目にした黒人の街角の人生がアンダーソンの関心を引いた。シカゴの街角のバーで、アンダーソンは3年にわたって地元の黒人たちから聞き取りを行い、黒人たちのコミュニティとその機能について学んだ。その成果は最初の著書『コーナーにある居場所』(1978)に結実した。

ストリートの作法

アンダーソンは『ストリートのコード——インナーシティの作法/暴力/まっとうな生き方』(1999)で、多くの若者が貧困と人種差別とのかかわりで疎外感や絶望を感じていると述べている。その結果、彼らは尊厳を得るための方法として暴力を使うという「コード(作法)」を生み出した。アンダーソンは、コードを使用する「ストリート」ファミリーと、一生懸命働いて法に従う「礼儀正しい」ファミリーとの緊張関係に光をあてた。

「黒人は、自分が信頼に値することを証明するまでは、危険なアウトサイダーとして扱われる」

ゲットー

アンダーソンは2012年に発表した『象徴としてのゲットー』で、アメリカの人種差別的な人たちの多くが、「ゲットー」（特定の人種または宗教の信者が生活する都心部の一地域）は黒人だけが暮らす地域と考えていると述べている。ゲットーとそこに生きる人びとを、彼らは貧困、ドラッグ、犯罪などと結びつける。アンダーソンによると、多くの白人は、黒人は隣人ではなく、ゲットーに「所属」していると考えているという。

ゲットーの瞬間

以前にくらべて、より多くの黒人が中流階級の職業についているにもかかわらず、教育のある成功した黒人はいまだに「ふつうではなく、むしろ例外」と見なされることがあるとアンダーソンはいう。成功した黒人でも人種差別を受けることがある。これをアンダーソンは「ゲットーの瞬間」と呼び、このとき黒人は自分たちが白人中流社会には属していないことを思い知らされるのだと指摘する。

アンダーソン自身が
「ゲットーの瞬間」を感じたのは
ケ　プコッドで白人から
「家に帰れ!」といわれたときだった。
それは「黒人はゲットーへ戻れ」
という意味だった。

だれを愛していますか?

社会学は社会についての学問であるとともに、社会を構成する個人にも関心をもっています。たとえば、パートナー選びは明らかに個人的なことと思われていますが、じつはそれも自分たちの暮らす社会に影響されています。私たちの選択を社会が受け入れるか受け入れないかによって、自分は社会の一員である、あるいは部外者であるという感じ方のちがいが生まれます。

社会と性的関心(セクシャリティ)

社会が性的関心のようなプライベートな事柄にも影響を及ぼすというと奇妙に聞こえるかもしれません。愛や欲望の感覚は、他人に憧れや性的魅力を感じたときに自然にこみあげてくるプライベートな反応です。しかし、社会学者はセクシャリティも、また、ほかの多くの感情的な反応や感覚も、その人が暮らす社会から強く影響されていると述べます。

社会は多くの面で人間の欲望に影響を与えます。意中の人にデートしてもらうにはどうしたらよいかを教えてくれるのも社会です。花を贈るのか、あるいはデートアプリの「いいね」ボタンを押すのか。社会は、現時点でどのようなセクシャリティが受け入れられやすいのか(たとえばストレートか、ゲイか)についても、その輪郭を示してくれます。社会はまた感情の表現の仕方や、ある場面で何を話していいのか、何を話すべきなのかなどについても影響を与えます。たとえば、世界の多くの国々でバレンタイン・デーが祝

参照:16-17, 20-21

個人の選択?
恋愛は私たちの最も個人的な行為のように思える。しかし、人生のこのような側面にさえ、社会がそれを受け入れるかどうかが影響している。

恋の相手を選ぶのに社会は影響を及ぼすか?

ゲイの権利は人間の権利である。

ヒラリー・クリントン　アメリカの政治家

われています。この日にはパートナーやパートナーになってほしい人に愛情を表現するよう社会は期待するのです。

箱とラベル

セクシャリティは、固定された実体ではありません。そのありようは歴史を通じてつねに同じであったわけではありません。古代ギリシアやローマの時代の人びとのセクシャリティは、現代とはきわめて異なっていました。男性が同性の若者や奴隷と肉体関係をもつことは珍しくありませんでした。そのような性行動を理解するうえで「ゲイ」というラベルを貼ることもなかったのです。

箱にラベルを貼るように、人びとの性行動にストレートとかゲイとかバイセクシャルというラベルを貼って分類するのは、きわめて現代的な考え方です。あらゆるものはカテゴリーに分類できるという考え方が生まれたのは18世紀の啓蒙主義の時代です。フランスの哲学者・社会学者ミシェル・フーコーは、人間のセクシャリティについての研究の中で「ホモセクシャル」というカテゴリーが19世紀に生まれたと指摘します。当時は、同性が惹かれ合うことをよからぬこと、まちがっていることと見る傾向が強まっていました。

同性愛嫌悪が社会に存在する理由の1つは、社会学者のいう「ヘテロノーマティビティ」（異性愛規範）によります。たとえば、だれかがパートナーについて話すとき、相手は異性であるという前提がしばしばあります。ヘテロノーマティビティは文化や法律によっても強化されます。同性と結婚する権利が多くの国々で法制化されたのは、21世紀の初めになってからです。

しかし、人びとを箱に入れる必要性は徐々にうすれています。今日のミレニアル世代（2000年代に成年期を迎える人）は、セクシャリティや性的アイデンティティについて、ますます柔軟になっています。とはいえ、若い人たちの態度が変化したからといって、すべての社会が異なるセクシャリティにこだわりなく受容的になったというわけではありません。いまなお世界の多くの地域では、同性に惹かれたり、ゲイやレズビアンであることを隠さなかったりする人びとは、同性愛嫌悪という形で敵意や差別に直面します。

参照：32–33, 39, 143

2009年に、アイスランドの首相になったヨハンナ・シグルザルドッティルは、一国のリーダーとして世界で初めてレズビアンであることを公言した。

ゲイである誇り

世界各地の都市で、ゲイ・プライド（ゲイである誇り）をもった人びとによるパレードが行われている。最初のゲイ・プライドのパレードは1970年6月に行われた。それはニューヨークのゲイバー「ストーンウォール・イン」の外で、警察の立ち入り捜査に対してゲイの客たちが立ち向かった反乱を記念するものだった。

年齢と社会

加齢は人生の現実です。私たちの肉体は時とともに変化します。皮膚は弾力性を失い、髪はうすく、あるいは白くなり、当然ながら若々しさは失われていきます。人間はだれでも年をとります。しかし、年をとることの意味や、年をとった人たちの経験は、私たちが暮らす社会の種類と大きくかかわっています。

老人とは何歳から?

平均寿命は、どこに生まれるかによって変わります。戦争や貧困、あるいはHIVのような感染症の蔓延のために平均寿命がきわめて短い国もあります。たとえば、西アフリカのシエラレオネでの平均寿命は50歳ほどです。一方、日本では84歳以上です。

国が豊かだからといって、長く生きられるわけではありません。平等の程度、つまり社会における貧富の格差もまた重要です。平等のレベルの高いノルウェーでは、平均寿命はほぼ82歳です。一方、貧富の格差が大きいアメリカの平均寿命はほぼ79歳です。

高齢化が進んでいる国では、高齢者の経験が重視されています。イギリスでは65歳以上の人口が16歳以下の人口を上回り、日本も急速に高齢化が進んでいます。

年をとると、どう見られるか

高齢者の見られ方もまた社会によって異なります。加齢のしるしである白髪やシワは、社会や時代によって異なる解釈をされます。たとえば、ビクトリア朝時代のイギリス(1837-1901)では、年をとって見えるほうが好ましいとされていました。若い人たちはなるべく早くあごひげを生やして、年をとって見えるように工夫しました。今日では、北アメリカやヨーロッパでは若さが高く評価されます。そのために自然な老化の兆候を隠して、若々しい風貌を維持するために医学的処置をする人もいます。シンガポールの社会学者アンジェリーク・チャンは、宗教的な知恵が重んじられるマレー半島の文化においては、老人が自分たちにふさわしい社会的地位を享受していると指摘します。しかし、金を稼ぐことが重視される中国のような国では、年をとることはあまり評価されません。

高齢者ランナー

フランスの社会学者エマニュエル・チュールの高齢者ランナーについての研究は、高齢者についての固定観念を覆した。チュールは高齢者の「走りたい」という動機が、病気の予防でもなければ、高齢者のヒーローと見られたいわけでもなく、たんに役立たずとして見捨てられたくないという気持ちに由来していることを明らかにした。

人生の黄金時代

イギリスの社会学者ポール・ヒッグスは、西ヨーロッパと北アメリカの富裕な国々における加齢の意味を研究しました。ヒッグスは、加齢は人生における最悪の事態で

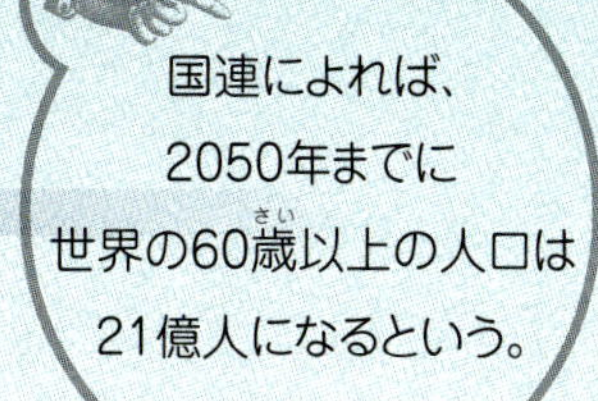
国連によれば、
2050年までに
世界の60歳以上の人口は
21億人になるという。

参照：39

あるというステレオタイプな見方を覆しました。今日の多くの老人にとって老年期は「黄金時代」であり、彼らは若いころ果たせなかった行動や目的や夢をかなえるのを楽しんでいる、とヒッグスは見ています。

しかし、ヒッグスが対象とした老人は、経済的・社会的に安定していた時代に成長期を送った人たちです。イギリスのジャーナリスト、エド・ハウカーとシヴ・マリクの『見捨てられた世代』(2013)、アメリカの社会学者ジェニファー・シルヴァの『足りない——不確実性の時代の労働者階級の成人期』(2013)などでは、今日の若者には、前の世代ならば手に入れられた家を買うための雇用の安定と資金が足りていないことが指摘されています。彼らは両親よりも生活水準が低い最初の世代かもしれません。年をとったとき、彼らの生活には不平等と貧困がまとわりつく可能性があります。

老年期は、より大きな自由のための時間になりうる。

新しいこと
老年期は、忙しい時期に保留にしていた新しい気晴らしを探したり夢を追い求めたりする時間になる。

おそらく
私の最良の時代は過ぎ去った……
でも、それを返してほしい
などとはいうまい。
その炎は
いまの私にはふさわしくないから。

サミュエル・ベケット　アイルランドの劇作家

家族ってどういう意味?

家族は、しばしば社会を構成する要素と見られています。家族の中の子どもの経験は、よくも悪くも、その子の人生を形成します。家庭は、子どもたちが社会でのふるまい方や価値を学ぶための安定した場所でなくてはなりません。しかし、家族のイメージは進化しており、最近は家族の形も多様です。

家族の価値

家族は、社会の核をなすと考えられています。家庭は子育てが行われる安全で安心できる場所と見なされます。家庭は、社会の規範(社会で受け入れられる行動の仕方)や価値を後の世代の人へ伝えていくことによって社会化を行う重要な場として機能します。

しかし、家族にはネガティブな面もあります。家庭が虐待や暴力の場となったり、男性が女性と子どもたちを支配する場となったりすることもあります。家族の重要性や複雑さを考えて社会学者は、家族とは何か、そして家族が時代とともにどのように変化してきたかという両面の理解に長年にわたって関心を示してきました。

参照:28-29

2015年にはアメリカでは220万件の結婚と80万件の離婚があった。

完璧な家族

アメリカの社会学者タルコット・パーソンズは1950年代に、社会活動を円滑に営むうえで家族が果たす役割について研究を行いました。パーソンズは、家庭とは子どもが社会の価値を学ぶ場であり、大人の感情面の欲求に配慮する場であると考え、そこでは夫は家族のために金を稼ぎ、妻は家にいて家族の感情面の欲求の面倒をみるという役割を果たすのが最善だと考えました。多くの点で、パーソンズの研究は、彼が活動していた時代を反映しています。1950年代のアメリカには、アップルパイ神話と呼ばれる理想化された家族生活(アップルパイを焼く幸せなママとパパ、2人の完璧な子どもというステレオタイプ)のイメージがありました。しかし、このような「伝統的」なイメージの家族が、つねに現実に存在していたわけではありません。

19世紀の工業化社会では、貧しい人たち、貧しい子どもたちが長時間労働に従事していました。家族同士で顔を合わ

だれにも責任はない

今日の離婚の多くは「過ちのない」離婚である。多くのカップルが、当人のどちらかの過ちというより、当人同士と子どもによりよい環境を与えるために離婚している。かつては離婚のためには一方が不倫したり、暴力的であったり、狂気で苦しんでいたりする必要があった。

せることがめったになかったので、労働者階級の家族はなくなってしまうのではないかと懸念されていました。

家族の異なる形

今日、家族のあり方は変化し、もはや「家族」を固定されたものとして考えることは不可能です。継母や継父、あるいは継兄弟と暮らす「混合家族」や「再構成家族」（ステップファミリー）は珍しくありません。ステップファミリーは、主に離婚をきっかけにつくられる新しい家族の形です。

ゲイやレズビアンの家族を主流社会の一部として受け入れようとする動きも、ゆっくりですが広がっています。ヨーロッパやアメリカの一部の州では同性同士の結婚やパートナーシップも法的に認められるようになりました。それでも注目すべきは多くの人たちが、いまなおパートナーや子どもたちと、それなりに長いつきあいを望んでいることです。そうした関係はかつてのように「死が２人を分かつまで」はつづかないかもしれません。しかし、家族は社会の構成単位のひとつとしてもちこたえていきそうです。

家族の形 ➔

家族関係が変わり、子どもたちが継親、片親、同性同士の両親などの下で育つこともありうる。

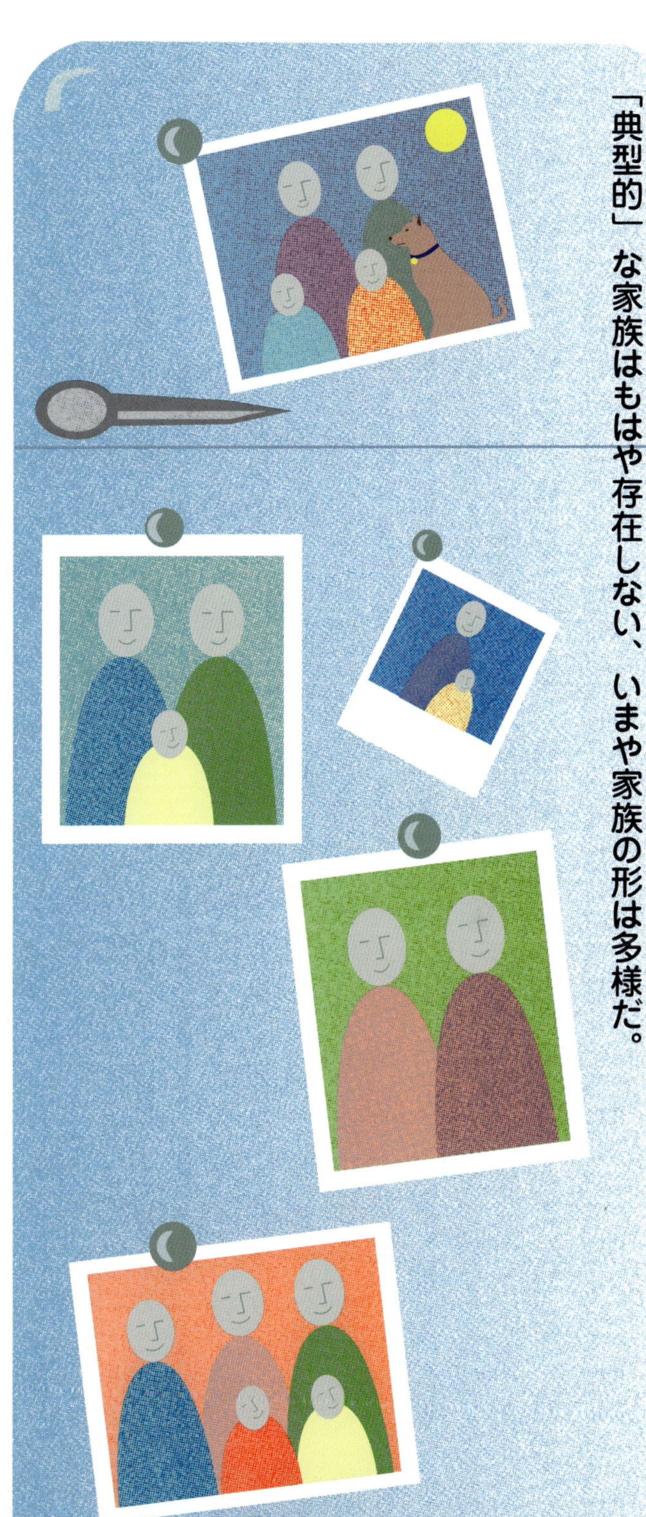

「典型的」な家族はもはや存在しない、いまや家族の形は多様だ。

19 世紀初めに社会学という分野ができたとき、最も議論になった話題の1つが階級でした。階級は何を意味しているのか。階級の定義はどのように異なっているのか。いまだに階級は存在しているのか。これらのテーマは多くの社会学者に、いまも熱い議論を呼んでいます。

> **すべてこれまでの社会の歴史は、階級闘争の歴史である。**
>
> **カール・マルクス**

私たちはみな中産階級の生活を夢見ているのか?

中産階級を演じる
今日、階級の区別は曖昧だが、階級制度そのものはなくなっていない。お金があり、上流階級の知遇を得て、中産階級のマナーを守ることは多くの利益をもたらす。

いまは、みんな中産階級なの?

階級についての異なる見方

初期の社会思想家であったマックス・ウェーバー、カール・マルクス、エミール・デュルケームは、みな階級について述べています。マルクスは階級とは、工場の利益を追求するオーナーである支配階級と、彼らの搾取の対象である人びと、つまり工場に雇われる労働者階級の人びととに社会が分断されたものであると述べました。ウェーバーは、階級がもたらす差異は経済的なものにとどまらないと指摘しました。大臣や聖職者のような仕事は報酬は少なくても、高い社会的地位をもたらします。一方、デュルケームは、能力にしたがって人びとを階級に分けることは社会を円滑に機能させるために欠かせないと考えました。

> アメリカ人の48%は、自らを労働者階級だと考えている。

階級は、まだ存在するのか?

これらの考え方は、19 世紀半ばから 20 世紀初めにかけての社会について書かれたものです。しかし、今日階級を明確に分けるのは簡単ではありません。1996 年に、オーストラリアのジャン・パクルスキーとマルコム・ウォーターズは『階級の死』という本で、現代社会では階級が消えてしまったと述べています。彼らはグローバル化によって、富の集中がなくなり、伝統産業が衰退して階級という考え方が意味をなさなくなると考えました。むしろ今日、社会集団を区別する指標は、あなたがどんな服を着て、どんな電話をもっているかなど、消費財の所有にあるというのです。

階級はお金では決まらない

しかし、階級はパクルスキーとウォーターズが思っていたよりもしぶといようです。1990年代半ば以降、現実社会はいっそう不平等になっています（第4章参照）。2016年に起きたイギリスのヨーロッパ連合（EU）からの脱退（Brexit）とアメリカ大統領選挙という2つの大きな事件は、階級問題がいまなお健在であることを示しました。なぜなら、これらの事件はいずれも、政界のエリートが労働者階級を代表しておらず、労働者が選挙でその変革をしようとしたものだったからです。

参照：44-45,100-101

フランスの社会学者ピエール・ブルデュー（1930-2002）は、社会階級のちがいはどのよ

うに存続しているかについて、よりくわしく説明しています。ブルデューは、階級のちがいは、資本の3つの異なる形の組み合わせによって形づくられるといいます。第1は経済資本。つまり持っているお金の量です。第2は社会関係資本。これはお金と職業のような資源に人びとを結びつける人脈です。第3は文化資本。これは特定の状況でどのように行動するか（話し方や着こなしなど）にかかわります。階級のアイデンティティはいまだ根深く存在しているのです。

ブルーか、ホワイトか?

「ブルーカラー」は労働者階級を、「ホワイトカラー」は中産階級の会社員を指す。かつて肉体労働者が泥や油が目立たないよう青いオーバーオールを着て、会社員が白いシャツやブラウスを着ていたことから生まれた語で、今日でもこれらの用語が便利な略語として用いられている。

カール・マルクス
1818-1883

カール・マルクスは、裕福(ゆうふく)な弁護士の息子としてドイツのトリーアで生まれました。ベルリン大学で法律を学びましたが、それより歴史と哲学(てつがく)に強い関心を抱(いだ)きました。1843年にパリへ引(ひ)っ越(こ)したマルクスは、そこで数人の社会主義者たちと知り合います。その1人フリードリッヒ・エンゲルスと、のちに『共産党宣言』をいっしょに執筆(しっぴつ)します。マルクスは社会学の創始者の1人であり、また影響(えいきょう)力のある経済学者、哲学者、歴史家でもありました。その著作は世界中の政治運動に影響を及(およ)ぼしつづけています。

利潤(りじゅん)の追求

マルクスの最も有名な著書『資本論』は、資本主義社会の性質と発展についての研究である。第1巻は1867年に発表され、残り2巻は死後に発表された。『資本論』でマルクスは、労働者が資本主義社会で搾取(さくしゅ)されていること、人間の労働が商品になったことについて述べる。マルクスによると、資本主義を社会体制ならしめているのは、利潤と富のあくなき追求であるという。

階級闘争

マルクスは、資本主義社会は、労働者階級（プロレタリアート）と支配階級（ブルジョアジー）という2つの異なった階級に分けられると述べた。支配階級は、工場を所有し、利潤を求めるために、労働者階級を搾取し、労働者階級は生き延びるために自分たちの技能と労働を売ることを強制されるとマルクスはいう。マルクスは、2つの階級の対立は避(さ)けられず、最終的には労働者階級が資本主義体制を覆(くつがえ)して、共産主義が打ち立てられると考えた。

「哲学者たちは世界をさまざまに解釈したにすぎない。大切なのは、それを変えることである」

マルクスは、
フリードリッヒ・エンゲルスの
援助にたよりながら、
生涯の大半を貧困の中で暮らした。
エンゲルスは
家族が経営する繊維工場で
財をなした。

亡命生活

急進的な思想家と見なされたマルクスは1843年にドイツを追われ、亡命生活の中で残りの人生を送った。最初はパリ、次にブリュッセルに移った。1848年『共産党宣言』を発表した直後マルクスはベルギーも追われて、1849年に家族とともにロンドンへ移り、そこで『資本論』を執筆した。1881年に妻を亡くした後、マルクスは健康を害し、1883年に生涯を終え、ロンドンのハイゲート墓地に葬られた。

疎外の感覚

マルクスはその仕事を通じて、資本主義社会で生活するための感情的コストと物理的コストに注目した。資本主義社会では多くの人びとが、人生に満足感を覚えず、ほかの人びとから切り離されている感覚である「疎外感」をもっていると考えた。疎外の感覚は職場で一般的に見られるものであり、労働者は労働条件や生産する商品について、いっさいコントロールできないと感じているとマルクスは指摘した。

実生活の中の
アイデンティティ

階級の分析

1867年、カール・マルクスは『資本論』の第1巻を発表した。その中でマルクスは資本主義システムがどのようにして社会に異なる社会階級をつくり出していくかを説明した。工場主はブルジョアジー、工場で働く人びとはプロレタリアートと呼ばれた。マルクス以後も、階級についてたくさんの研究が行われている。

ジェンダー・アイデンティティ

フェミニズムについて論じた初期の作家イギリスのメアリ・ウルストンクラフトは『女性の権利の擁護』(1792)の中で、女性が教育を受ける権利について論じている。フランスの哲学者シモーヌ・ド・ボーヴォワールは『第二の性』(1949)で、ジェンダーのちがいは自然なものであるという考えに疑問を呈した。

黒人のアイデンティティ

W·E·B·デュボイスは1903年に『黒人のたましい』という著作を発表した。デュボイスは、アメリカ黒人の文化とアイデンティティを周縁化(周辺に追いやり、軽んじること)したり、弱体化させたりすることを強く批判した。デュボイスの仕事は、アフリカ系アメリカ人に、よりいっそうの平等をもたらすための一連の運動の1つである。

子ども時代

子ども時代が人生において特別であり無垢な時期であるというのは、近年の社会においてつくられた考え方である。フランスの歴史家フィリップ・アリエスは『子どもの誕生』(1960)で、私たちが子ども時代だと考えているものは、19世紀になるまで存在しなかったと述べている。中世の西洋では人間には幼児か大人しかないと考えられていたという。

社会学は、人間のアイデンティティがどのようにつくられるかを教えてくれます。アイデンティティには私たちが選ぶことができる側面と、私たちが暮らしている社会が大きな影響を及ぼす側面とがあります。主なテーマは社会階級、ジェンダー、セクシャリティ、人種など。また、私たちが長生きするようになって年齢も重要なテーマになっています。

長寿

2015年に、国連は高齢者の増加が著しいことを指摘した。2015年には60歳以上の人口は9億100万人だったが、これが2050年までに21億人に達すると見積もられている。「年寄り」の意味するものも変化している。高齢者は周縁的な社会集団から、ますますより中心的な存在になりつつある。

インターセクショナリティ

アイデンティティは、階級あるいはジェンダーといった単一の要素でできあがっているわけではない。私たちはだれでも複数の側面をあわせもっている。1980年代以降、アメリカの社会学者ベル・フックスは、アフリカ系アメリカ人女性としての自身の経験に基づいて「インターセクショナリティ」について書いた。

ゲイの権利運動の勃興

ゲイの権利運動は、1969年にニューヨークのグリニッジビレッジで起きた事件に端を発する。同性愛が違法で、文化的に受容されていなかった時代、ゲイバー「ストーンウォール・イン」はゲイやレズビアンのたまり場になっていた。ある晩、警察がこのバーを強制捜査し、そこにいた人びとが抵抗した。この事件がゲイ解放運動の出発点となった。

サブカルチャー

スチュアート・ホールとトニー・ジェファーソンが編集した『儀礼を通じての抵抗』（1975）では、若者が音楽系サブカルチャーを通して何を伝えようとしているかに注目している。この本は、当時流行していたモッズやスキンヘッドやルードボーイのようなサブカルチャーを扱っている。その後の研究では、さらにほかのサブカルチャーも調査された。

社会は
存在するのか？

すべての社会は、法律、コミュニティ、仕事、宗教のような「制度」を必要とします。制度は私たちの社会の基礎をなしています。家族制度や教育制度も、人びとの社会参加を手助けしてくれます。社会学者は、このような社会の構造が私たちに及ぼす影響や、社会の構造そのものの変化に大きな関心を寄せています。

学校は何を教えるの？

制度って、いいものなの？

権力をもっているのはだれ？

宗教の社会的役割は？

宗教は、まだ重要？

田舎暮らし　都市暮らし

コミュニティの感覚

私たちはどうして働くの？

仕事はどう変わる？

監視される労働者

学校は何を教えるの?

学生は、学校のカリキュラムにあることしか学ばないのでしょうか? 社会学者は、若い人の教室での本当の経験について、さまざまな考察をしています。教育は私たちに役立つ情報を与えてくれるのか、社会との接触を与えてくれるのか、それとも、たんに仕事に適応させるためのものなでしょうのか?

2015年にイギリスのオックスフォード大学の研究者は、若者がもっと睡眠をとれるよう、授業開始を午前10時にしようと主張した。

教育を理解する

多くの国では、若者は5歳から16歳までの間にフルタイムの教育を受けます。大学に進学するなら、さらに長期にわたる教育を受けます。一般的に、子どももその両親も、教育とは若い人が知識や技術を身につけ、自分の興味を発見し、職業を見つけられるようにするための段階だと考えています。しかし、社会学者は、もっと複雑な見方をしています。

隠れたカリキュラム

教育についての古典的著作である『アメリカ資本主義と学校教育』(1976)の中でアメリカの社会学者サミュエル・ボウルズとハーバート・ギンタスは、教育は知識や技術を若者に提供する一方で、既存の社会秩序を維持する役割があると指摘します。教育によって、若者は特定の行動や規律を受け入れるよう慣らされるのです。つまり、いわれたとおりに行動する人間になるのです。

ボウルズとギンタスは、「隠れたカリキュラム」と呼ばれるものについて説明しています。これは数学

教室から仕事場へ
多くの若い人は、職場と学校のちがいはそれほど大きくないと感じるかもしれない。時間管理、日課、権威的な人物などは学校と職場に共通する要素だからだ。

や科学や語学のような定められた科目ではなく、時間を守ること、適切な身なり、当局の指示に従うといった規範（社会的期待）への服従を教えるために、規則や罰や報酬を用いることです。

ボウルズとギンタスは、「対応理論」という理論を唱え、教師の力と仕事の管理者の力が対応し、同様に学校の時間割と職場の勤務体系が対応していると見ました。学生も労働者も、教師や管理者をコントロールできません。

獲得と喪失

フランスの社会学者ピエール・ブルデューは、1980年代と1990年代の教育の分析から、学校は「社会関係資本」を獲得する場として重要だと述べました。社会関係資本とは、有益な人間関係や社会的ネットワークです。同様に学校は「文化資本」を得る場でもあります。これは若者にとって学校が社会での行動の仕方を学ぶ場であることを意味します。しかし、社会関係資本と文化資本は社会階級によって異なり、それ自体が階級差を維持する機能を果たしています。授業料の高い学校が提供する社会関係資本と文化資本は金持ちが金持ちのままでいられるようにするとともに、ふつうの背景をもつ子どもたちをそこに参加させないよう作用するのです。

アメリカの社会科学者ガース・スタールは、イギリスの白人労働者階級の男子の教育の調査から、現代の学校の関心が個人的野心と競争力に集中していることを明らかにしました。そこに労働者階級の少年の多くは違和感を覚えていました。彼らは目立つことよりも、平等や協力し合うことを大切にしたいと感じていたのです。その結果、彼らは自分に価値を感じられず、学校の文化の外側にいると感じていました。

教育が大人の社会と仕事の世界への準備段階であることを示す例はたくさんあります。私たちは公式な時間割に沿ったものばかりを学んでいるわけではないのです。

参照：100-101

教育はたんに働くことを
教えるだけではない。
それは人生を教えるのだ。
W・E・B・デュボイス　アメリカの社会学者

制度って、いいものなの?

社会は、それぞれに異なる生き方をしている個人の無秩序な行動だけで成り立っているわけではありません。私たちの人生には構造があり、私たちが暮らす社会には秩序があります。これを支えているのは社会の構成要素である教育や宗教、家族、法律などの「制度」です。

私たちは構造を必要とする

社会学者は、社会には私たちの暮らしにパターンや形を与える一連の構造である「制度」があると述べています。社会学では、制度は構築された物ではなく、一定のルール（「規範」や「価値」）に基づいて何かを行うときの方法を指します。これらのルールは組織（たとえば教会や職場や政府）が課す公式なものであることもあれば、個人が提案する非公式なものもあります。人びとがそれに同意して、従うのであれば、公式であるか非公式であるかは問題ではありません。ルールに従うことで、人生にはなんらかの形と重要な秩序が与えられます。形や秩序がなければ、物事はバラバラになり、人びとは何をすべきか、どのようにふるまうべきかわからなくなります。

参照：32-33

制度の一面

社会学者のアーヴィング・ゴッフマンは『アサイラム』（1961）の中で「制度化」というテーマを探究した。これは刑務所、長期入院用の病院、精神衛生施設にいる人たちの生活に、制度が強い支配力を及ぼすことを意味する。食べること、寝ること、着ること、遊ぶことなどのすべてが、制度に基づく日課によって定められている。

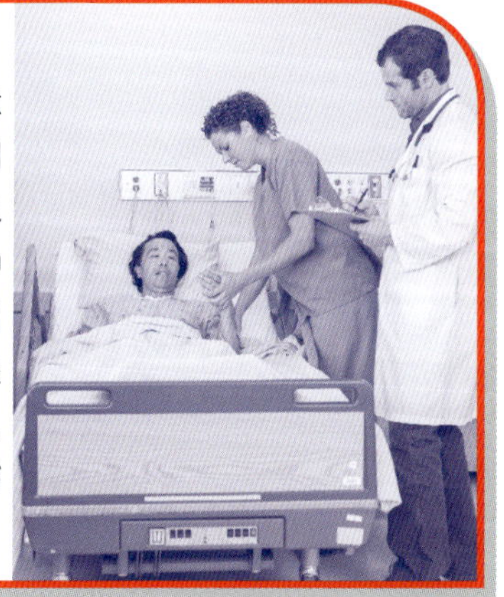

社会の基盤

社会制度は、社会を機能させるのに必要な安定と構造をもたらします。制度は社会の基盤であると同時に、それを組み立てる素材なのです。オーストリアの社会学者ピーター・バーガーとトーマス・ルックマンは、1966年に発表した『現実の社会的構成』の中で、制度が社会を維持するうえで重要な役割を果たしている点に注目しました。バーガーとルックマンは、私たちは制度があるのは当然だと感じていて、現実には制度の存在に気づいていないと述べます。しかし、制度は私たちが暮らす社会に形を与えるという重要な役割を果たしています。制度はまた人びとのアイデンティティに影響を及ぼし、他者に対する考え方やふるまい方などを、さまざまな形で決定しています。

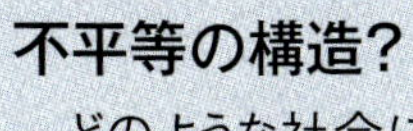

不平等の構造?

どのような社会にも共通して見られるおもな制度は、教育、宗教、家族、結婚、政府、文化、仕事です。社会学者は制度が社会秩序の維持に重要な役割を果たすと見ていますが、一方で、制度は異なる集団に対しては異なる影響を及ぼすことも認めています。マルクス主義やフェミニズム、反人種差別的な背景をもった社会学者は、制度を搾取と抑圧を維持する手段と見なすこともあります。たとえば、フェミニストは雇用の制度を、男性の特権的な地位を維持するためのものと見なしているかもしれません。その主張は、女性幹部の少なさや、女性のほうが賃金の低い仕事についているといった事実に基づいています。

アメリカでは、
トップ企業500社のうち
女性CEOはわずか4.4%。
イギリスでは
トップ企業100社のうち
女性CEOは7人。

制度を、私たちの社会をまとめ、生きる規範を与える重要な装置であると見る社会学者もいます。制度がなければ社会は混沌と混乱にさらされるだろうと彼らはいいます。2016年のアメリカの大統領選挙期間中、共和党のドナルド・トランプと民主党のバーニー・サンダースはともに、アメリカでは政治的および経済的な制度が機能していないと主張しました。大きく異なる政治的な立場に立ち、ちがった解決法を唱えた2人ですが、どちらも制度がエリートの富を守るための偏ったものになっており、大多数の一般の人びとを失望させていると述べたのです。

世界を曇りなく見ている人など、
いたためしがない。
人は一連の限定された慣習と制度によって
編集された世界を見ているのである。

ルース・ベネディクト　アメリカの人類学者

参照:50-51, 76-77

チャールズ・ライト・ミルズ

1916-1962

アメリカのテキサス州生まれのチャールズ・ライト・ミルズは多大な影響力のあった社会思想家でした。テキサス大学で社会学を学び、コロンビア大学の社会学の教授になったものの、45歳で心臓発作で亡くなりました。マックス・ウェーバーの思想に影響されたライト・ミルズは、社会学は社会の変革をもたらすよう用いられなければならないと考えました。ライト・ミルズは社会的不平等、階級構造、権力の性質の研究でよく知られています。

新中産階級

ライト・ミルズはアメリカの中産階級の性質の変化に特別な関心を寄せていた。その著書『ホワイト・カラー』(1951)において、ライト・ミルズは会社に雇用されるホワイトカラーの労働者が職人の技能への誇りといった伝統的価値観から切り離されてしまったと述べた。ホワイトカラーとしての仕事から得られる恩恵を享受しているうちに、中産階級は自分たちの生活をほとんど制御できなくなり、政治や社会問題に無関心になっていった。

少数の権力者

『パワー・エリート』(1956)でライト・ミルズは、政治やビジネスや軍のリーダーといった「パワーエリート」と呼ばれる少数派がアメリカ社会を支配している構造を分析した。ライト・ミルズは「大衆社会」のふつうの人びとは、ほんの少数の人たちが、自分たちの日常生活に影響を及ぼす責任ある決定をおこなっていることに気づいていないと指摘した。

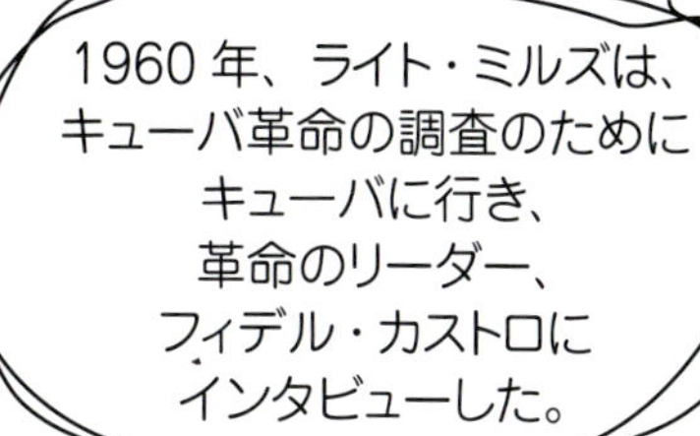

1960 年、ライト・ミルズは、
キューバ革命の調査のために
キューバに行き、
革命のリーダー、
フィデル・カストロに
インタビューした。

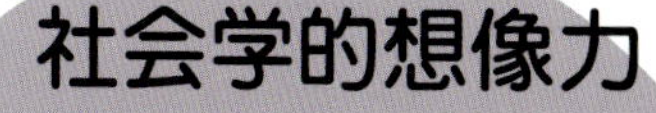

社会学的想像力

『社会学的想像力』（1959）の中で、ライト・ミルズは、個人のプライベートな問題がどのように、より広い社会問題とかかわっているかを探った。労働者の解雇は、その人自身にとっては個人的な問題である。しかし、従業員を解雇するという会社の決定は、ふつうは、税金や原材料の高騰のような、より広い社会的・経済的な変動に基づいている。

「個人の人生と社会の歴史、その両方を理解しなければ、どちらも理解できない」

希望の手紙

ライト・ミルズは、社会学者は自分たちの知識を社会の改善のために使うべきだと考えていた。その思想は 1960 年代のアメリカで起きたいくつかの社会的な運動に影響を及ぼした。1960 年に、ライト・ミルズは「新左翼」として知られる政治運動グループに公開書簡を出した。新左翼は、ゲイの権利、妊娠中絶、男女平等といった問題について幅広い法改正の道を開いた運動である。

権力をもっているのはだれ?

参照：18–19, 36–37

権力とは、ほかの人びとに影響を与えたり、コントロールしたり、操ったりする能力です。社会学者は、だれが権力を握っているのか、なぜその人が権力をもっているのか、権力はどのように使われるのかに関心を寄せます。権力は職場や家庭でも行使され、また社会全体にさまざまな微妙な回路で影響を及ぼしています。

雇用をめぐる権力

カール・マルクスは、権力を握っているのは社会の中で、選挙で選ばれたわけではない少数のエリートだと考えました。彼らが権力をもっているのは、「生産手段」をもっているからです。会社を所有するとは生産手段を所有していることを意味します。今日、このエリートにあたるのは大企業のオーナーや、会社を経営するCEO（最高経営責任者）たちです。この階層は、雇用を与えたり奪ったりする力をもつという点で、社会に大きな影響力をもっています。仕事なしには経済的にも社会的にも生きていくことは困難ですし、自分が幸せとはあまり感じられないかもしれません。

マルクスは、労働者は自分の力に気づいていないと指摘しました。労働者が団結すれば、資本主義者の権力に抵抗できるとマルクスはいいました。必要とあれば、力を合わせて、ストライキをするという選択によって、労働者は雇用主に対して賃金の低さに異を唱え、不満足な労働条件の改革を要求できます。

世界で影響力のある人物のトップ10人のうち、女性はわずか2人。

女性に対する男性の支配力

イギリスのフェミニスト、シルヴィア・ウォルビーは著書『家父長制の理論』（1990）で、男性の女性に対する6つの支配力の形について論じています。1つ目は家庭。そこではほとんどの雑用を女性が行っています。2つ目は職場。そこでは多くの女性は重要度の低い、低賃金の仕事を行っています。3つ目は国家。そこでは女性よりも男性に有利な法律や政治がつくられています。4つ目は男性の暴力。それは女性を物理的・精神的に脅かすのに使われています。5つ目はセクシャリティの制限。異性嗜好の男性を好むことが、ほかの性的嗜好より優先されます。6つ目は文化のほとんどの領域で、男性の関心が女性より優先されています。たとえば、メディアが主に伝えるのは男性が行うスポーツです。

権力の使われ方

フランスの社会学者・哲学者のミシェル・フーコーは、現代では中世のように権力者が物理的な力を行使するというよりも、権力はもっと微妙な形式をとると述べます。たとえば、学校で、教壇の上の先生に向かって机を整然と並べる並べ方は、先生が生徒の行動をつねに監督し、コントロールすることが可能な力関係を生み

権力あるところに抵抗がある。

ミシェル・フーコー
フランスの哲学者・社会学者

じつのところ、あなたは人生をどのくらいコントロールできているか?

責任者はだれ?

自分の家にいても、やりたいことばかりできるわけではない。私たちは国の法律や社会のルールに縛られている。「子どもから目を離してはならない」というのもそうだ。

参照：100-101

出します。また、生徒がいつ、どこにいなくてはならないかを規定する厳格な時間割もあります。フーコーは「権力のあるところには抵抗がある」と述べています。人びとは抗議のためにデモ行進をしたり、ときには暴動を起こすことさえあるのです。

世界一の権力者

ロシアの大統領ウラジミール・プーチンは『フォーブス』誌の「世界で最も影響力のある人物」で3年連続トップになった。プーチンのキャリアは1975年のKGB（旧ソビエト連邦国家保安委員会）への入局に始まり、2000年には大統領になった。プーチンはタフで、肉体的に頑健で、典型的な男性イメージを演じている。

宗教の社会的役割は?

社会学者は、神あるいは神的な存在が実際に存在するかどうかに必ずしも興味があるわけではありません。社会学が重視するのは、宗教が広い社会にどのようにかかわり、どのように社会を形づくるのか、また、どのように宗教が社会によって形づくられるかという点です。

宗教は社会の接着剤

社会学を創始した2人の人物、エミール・デュルケーム（P.74 参照）とカール・マルクス（P.36 参照）は、宗教についてきわめて異なった見方をしています。2人が活動したのは 19 世紀から 20 世紀初めにかけての社会の大変動期です。デュルケームは、仏教やジャイナ教のような多くの世界宗教は神的な存在を重視するのではなく、ある種の望ましい行動の仕方に重きを置いていると見ていました。宗教は、信条や価値や社会規範を共有することによって社会的な結びつきを維持し、人びとをつなげる接着剤だとデュルケームは考えていました。

ハートフォード宗教調査研究所の調査によると、「教会に行っている」と自称するアメリカ人は人口の40%以上だが、実際に行っているのは20%未満。

参照：44−45

世俗の義務を果たすことだけが神に受け入れられる唯一の道である。

マックス・ウェーバー　ドイツの社会学者

なにか大きなものの一部

デュルケームは、宗教と結びついた聖なる品々や儀式が特別な意味を担っていると見ていました。しかし、それはそうした品々や儀式が神的な存在とつながっているからではなく、社会がそこに重要な価値を与えているからです。宗教的な儀式に参加しているとき、人びとは、神ではなく、自分たち自身の社会の価値を崇拝しているのです。礼拝は、デュルケームが「集合的沸騰」と名づけたものを呼び起こします。これは社会参加の感覚を強め、自分たちがなにか大きなものの一部であると感じさせてくれるものです。デュルケームは、人間はたんなる合理的他人との信頼の共有がコミュニティを結びつける。
儀式は、コミュニティ内の他者との絆を強めるものであって、
自分自身が特別な力をもつためのものではない。

参照：52–53, 75

**宗教は
不確実な世界に
慰めをもたらす。**

な機械ではなく、周囲の人びとと感情的に結びつけてくれるような行動や機会を必要としていると考えました。

宗教は鎮痛剤

カール・マルクスはちがう見方をしていました。マルクスは宗教は資本主義社会が生み出す疎外感や搾取がもたらす痛みや苦悩と折り合いをつけるための手段だと考えていました。キリスト教は、将来のよりよい人生や慰めを約束してくれます。このようなキリスト教の慰めとして働く機能を、マルクスは「宗教はアヘンである」という有名な言葉で表しています。しかし、マルクスは人びとが宗教に中毒しているといいたかったわけではありません。マルクスが生きていた1800年代半ば、アヘンは痛みをやわらげるための鎮痛剤として用いられていました。もしいまマルクスが生きていたとしたら「宗教は大衆の抗うつ剤だ」といったかもしれません。マルクスにとって、宗教は結局のところ人間が抱える問題のまやかしの解決法でした。真の変化は現実世界の過激な変革によってもたらされるものであり、存在しない死後の救済を待つものではありませんでした。

デュルケームとマルクスの考え方は、いまなお重要です。宗教と儀式は多くの人びとの人生の構造に形を与え、自分が何かの一部であると感じさせてくれます。また、困難で不確実な世界において、安心感と将来への希望を与えてくれるのです。

プロテスタントの労働倫理

ドイツの神学者マルティン・ルターは、禁欲的な労働が、神への義務を果たすしるしになると考えた。マックス・ウェーバーは『プロテスタンティズムの倫理と資本主義の精神』（1904～05）で、この考えがプロテスタントの信念体系の一部をなし、この精神的な「労働倫理」が、現代の資本主義経済における蓄財を促していると考えた。

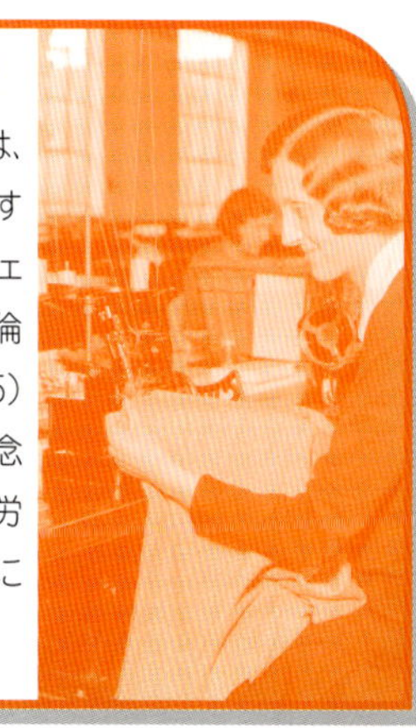

宗教は、まだ重要?

仏教の信徒は世界に4億8800万人いるが、仏教は宗教というより哲学だといわれることもある。

今日の社会学者が関心を抱いているのは、宗教が衰退しているのかどうかです。私たちの生きている社会は世俗化し、つまり非宗教的な社会になりつつあるのでしょうか。もしそうなら、人びとの社会の見方や社会における居場所は大きく変化しているはずです。また、人生の意味という、いっそう深い問題への取り組み方も変わってくるでしょう。

科学が宗教に代わる

社会学者は社会のどんな変化にも興味をもちます。社会が非宗教的に変化する世俗化のプロセスや人びとが宗教的な考え方に引きつけられなくなってきたことにも関心を抱いてきました。ヨーロッパにおける宗教の衰退が始まったのは、18 世紀の啓蒙主義の時代とされています。この時期、ヨーロッパでは偉大な知的・科学的革新がありました。啓蒙思想は、世界を理解するための主流の考え方であった宗教的信念をひっくりかえしました。生命にまつわるあらゆる側面を説明するのに聖書の代わりに、科学研究を参照するようになります。科学は教会の権威を徐々に低下させ、さらには神の存在に疑問を呈するようになったのです。

あなたは教会へ行きますか?

マックス・ウェーバー、カール・マルクス、エミール・デュルケームのような初期の社会学者はみな、私たちの社会は非宗教的に移行しつつあると考えていました。教会へ行く人の数を調べた最近の統計データもこの考えを裏づけているように見えます。たとえば、イギリス国教会の 2016 年の調査では、教会に通っている人の数は 1960 年代の半分です。日曜礼拝への参加者は 100 万人を下回っています。これは全人口の 2%以下です。アメリカの世論調査機関のギャラップの 2013 年の調査によれば、アメリカで教会に通って

宗教的感覚をもっている人びとはまだたくさんいる……。

けれども、教会へ行く人の数は少ない。

いるのは人口の37%です。ただし、実際には教会に通っていなくても「通っている」と主張する人がいる傾向を考慮する必要があります。西ヨーロッパと北アメリカでは全般的に、社会の世俗化と教会へ通う人の数の減少という傾向は決定的に見えます。

しかし、人びとが教会へ行かないからといって、宗教が衰退しているとはかならずしもいえません。無神論者であると宣言する人たちがいる一方で、神が存在するかどうかはわからないとする不可知論者もいます。また、自分たちよりも強大な力が存在するという精神的な感覚はあっても、それをキリスト教やイスラム教やユダヤ教などの神に結びつけないで、スピリチュアリティのような別の信念で表現しようとする人たちもいます。つまり、従来の主立った宗教には背を向けても、宗教的感情をもたないわけではありません。

世界にはたいへん活発な宗教もあります。イスラム教は、多くの国々で信者を獲得している世界で2番目に大きな宗教です。

燃えつづける炎
教会に通う人びとの数は減少したが、キリスト教もほかの宗教ももちこたえている。特定の信仰をもつのは好まないが、人間を超える大きな力の存在なら信じているという人たちもいる。

「冷めた」信仰

オーストラリアの社会学者ブライアン・ターナーは、『宗教と現代社会』(2011)の中で、宗教が社会から消えつつあるのではないかという点ではなく、現代人がどのように宗教を経験しているのかという点に焦点をあてました。ターナーは「冷めた宗教」という言い方をしています。宗教は、いまなお人びとの生活に影響を与えているものの、以前のように、宗教的指導者から教えを受けたり、教会に定期的に通ったり、宗教行事に参加したりといったことを必要とする、支配的な「熱い」存在ではなくなった、とターナーはいいます。宗教がいまも人生の重要な一部であるという人もいるでしょう。しかし、多くの人びとにとっては、非公式で個人的なものになっています。

世俗的教会
世界中の都市で開かれている日曜集会は、一見、ふつうの教会の集会のようだ。前に立つ人が集会をリードし、人びとは立って歌う。しかし、決定的に異なるのは彼らが世俗的な信徒で、歌われるのがポップスである点だ。説教のテーマも社会問題で、そこに宗教性はない。

参照:59, 68

**宗教は
抑圧された人たちのため息である。
心のない人びとの心……
人びとのアヘン。**
カール・マルクス

田舎暮らし　都市暮らし

2008 年、世界の歴史にとって画期的なことが起こりました。この年、都市の人口が初めて農村部の人口を上回ったのです。これは世界のさまざまな地域で起きている多様な変化の結果です。

都市とは心の状態である。

ロバート・E・パーク　アメリカの社会学者

都市への移動

18 ～ 19 世紀の産業革命はヨーロッパ社会に大きな変化を引き起こしました。都市に新たにできた織物工場が農村から都市への人口の移動をもたらしたのです。産業革命の中心地の 1 つであったイギリスのマンチェスターの人口は、1811 年から 1851 年の間に 10 万から 30 万へと3倍に増えました。ほかの地域でも、都市化は近年いっそう急速に進んでいます。たとえば、ナイジェリアのラゴスの人口は、1971 年の 140 万人から、2016 年には 2100 万人に増加しています。

日本の首都東京は面積、人口、人口密度において世界最大規模の都市である。

ドイツの社会学者フェルディナント・テンニースは、産業革命時の人口の変化に注目しました。19 世紀後半、テンニースは、人口の都市への移動によって社会が崩壊しなければ、社会構造は劇的に変わると推測しました。

都市への権利

1960 年代にフランスの社会学者アンリ・ルフェーブルは、現代の都市環境は資産家や影響力のある人たちの意向に沿って、特定の集団（都市の使用者）に対して排他的であることを懸念した。そして、その運営に意見を述べたり、資源にアクセスしたりする「都市への権利」はオープンであるべきだと考えた。

ゲマインシャフトとゲゼルシャフト

テンニースは、農村住民と都市住民のちがいを説明する 2 つの概念を提案しました。最初のものがゲマインシャフト。これは「共同社会」などと訳されていますが、元のドイツ語では、人びとの深い絆や共感、共有される価値の意味を含みます。対照的にゲゼルシャフトは「提携」と訳されますが、これだと元の意味である合理的・機能的に、人びとを匿名のまま相互に結びつけるというニュアンスを十分に表現できません。人びとがニューヨークやベルリンの地下鉄で本や新聞を読んだり、携帯で話したりして、他人との接触を避けている様子を思い浮かべれば、ゲゼルシャフトの意味がわかるでしょう。

かつては、共同社会（ゲマインシャフト）は、見知らぬ同士が暮らす大きな都市ではなく、人びとが小さな村に住む農村部だけにあると考えられていました。しかし、研究の結果、それは正しくないことが明らかになりました。ワースとパーク（シカゴ学派として知られるられる社会学者たち）は1920年から1940年にかけてシカゴ市で行った調査から「都市の村」の存在を示しました。それは従来農村の暮らしと関連づけられてきたような住民同士の強い結びつきが特徴の、大都市の小さなコミュニティです。イギリスでも1950年代にウィルモットとヤングがロンドンのベスナルグリーンで行った調査から、都心部に労働者階級の活発なコミュニティがあることがわかりました。住民は活力ある女性たちを中心とした隣人関係を楽しみ、しばしば互いに助け合っていました。

貧困と革新

いま社会学者の関心を引いているのは、インドやブラジルやナイジェリアなどのスラム街のような非正規市街地の拡大です。農村部の貧困から逃れ、安心と雇用を求めて、人びとはムンバイやリオデジャネイロやラゴスのような成長をつづける大都市に移動します。しかし、これらの都市のスラム街には二面性があります。そこは貧困と過密の領域であるとともに、創造力と経済活動と新しい社会の結びつきが生まれる場所でもあります。都市のスラム街は拡大しています。スラム住民と市当局は、住民が豊かに生きられるような安全で、活気のある場所をつくるべく協力できるはずです。社会学は、住民の暮らしの観察や分析によって、その活動を援助できるでしょう。

参照：56-57

田舎暮らしは、共有される価値と強い絆のあるコミュニティの一部になることにつながる。それはゲマインシャフトと呼ばれる。

都市生活では人間関係はより機能的で無名性を帯びる。これがゲゼルシャフトである。

伝統的に、農村生活は都市生活より孤独ではない。

コミュニティの感覚

コミュニティというテーマが話題になるとき、それは互いをよく知りおそらく同じエリアに暮らしている人びとが連想されます。しかし、今日では似た関心を共有しつつも、バーチャルな空間以外では一度も対面しない共同体もあります。

コミュニティとは？

コミュニティという言葉からは、文化と価値観を共有し、何より重要なこととして同じ場所に暮らす集団というイメージが思い浮かびます。これは1920年代のロバート・リンドとヘレン・リンドによる『ミドルタウン――現代アメリカ文化の研究』（インディアナ州のマンシーという町での調査に基づく）という重要な社会学研究で示されたコミュニティの形です。この研究は、町に暮らす人びとの願望や余暇の過ごし方など、住民の習慣や考え方を調査したものです。

イギリスでは、レイ・パールが1970年代にケント州のシェピー島で行った小さなコミュニティにおける仕事のあり方についての研究が注目されました。パールの研究は、コミュニティ内で仕事がどのように共有されるのか、またコミュニティがどのようにお金の動きとかかわっているかを明らかにしました。これらの広範な研究はいずれも、社会学者のコミュニティの理解の仕方を形成しました。

1億人以上のユーザーのいる活発的なバーチャル・コミュニティは25個ある。

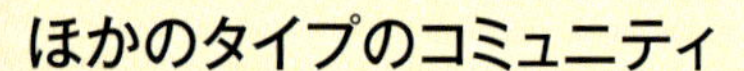

ほかのタイプのコミュニティ

コミュニティについてより広く調べると、この用語が、かならずしも同じ場所にいなくても、連絡を取り合っている人たちからなる別の集団を指す場合もあることがわかります。たとえば、ゲイのコミュニティ、経済のコミュニティ、学生のコミュニティなどは、同じ地域に住んではいませんが、共通する特徴に基づいているコミュニティです。また、オンライン・コミュニティでは、物理的空間は存在せず、人びとはインターネットによってつながります。

参照：50-51, 126-127

何人も島ではない。
だれもが大陸の一部であり、
全体の一部である。

ジョン・ダン
イギリス・ルネサンス期の詩人、随筆家

コミュニティは人間を健康で幸せにする。

社会生活
コミュニティの一部としての生活は、地元とのかかわりにさまざまな利益をもたらす。だが、多くの団体で参加者は減る傾向にあり、私たちの社会とのかかわりも薄れている。

参照：130-131, 142-143

社会関係資本

アメリカの社会学者ロバート・パットナムは、『孤独なボウリング』（2000）で、アメリカではコミュニティのかかわりが減り、人びとはどんな形の社会集団にも属さず、ボウリングにさえひとりで行くと述べています。パットナムは、テレビ、女性の就労、行きすぎた個人主義、労働時間の増加、産業の空洞化などがコミュニティの衰退を促していると批判しました。

パットナムの考えの中心にあるのは「社会関係資本」の概念です。これは豊かな社会的絆を意味し、その核となっているのは互恵性です。互恵性とは、他者から受けた好意を、相手にも返すことです。人の子どもの世話をしたり、雪かきを手伝ったりというような、よき隣人としての行動です。社会関係資本は人びとの健康や幸福、安全を支え、人を活動的にし、他者と関係づけます。このようなコミュニティの感覚が人びとの健康や幸福の維持に役立っているのです。

ロゼト効果

20世紀半ば、アメリカのペンシルベニア州のロゼトの町では心臓病の罹患率が平均を下回った。脂肪を多く摂る食習慣で、喫煙率も高かったにもかかわらず、親密なコミュニティのおかげで住民は孤独を感じることなく、互いに助け合って人生のストレスに対処して健康を保っていた。これはロゼト効果と呼ばれた。

マックス・ウェーバー
1864-1920

マックス・ウェーバーは、ドイツの中産階級の、教養ある家庭に、7人兄弟の長子として生まれました。優秀(ゆうしゅう)な学生として評判になり、法律、歴史、哲学(てつがく)、経済学を学んだのちにフライブルク大学の経済学教授になります。ウェーバーは現代社会学の創始者の1人とされ、資本主義の発展の中での宗教の役割についての研究で有名です。経済と社会について多くの著作を書き、56歳(さい)で亡(な)くなりました。

困難な人生

ウェーバーは1893年に社会学者でフェミニストの作家マリアンヌ・シュニットガーと結婚(けっこん)。不幸にも1897年に父と喧嘩(けんか)をし、生涯(しょうがい)和解することはなかった。父の死後、ウェーバーは神経衰弱(すいじゃく)で苦しみ、5年間働くこともできなくなった。その精神病との闘(たたか)いについては、1926年に発表された妻マリアンヌによる定評ある伝記に記されている。

「われわれの時代の運命は、
何にもまして、
世界への幻滅(げんめつ)によって
特徴(とくちょう)づけられる」

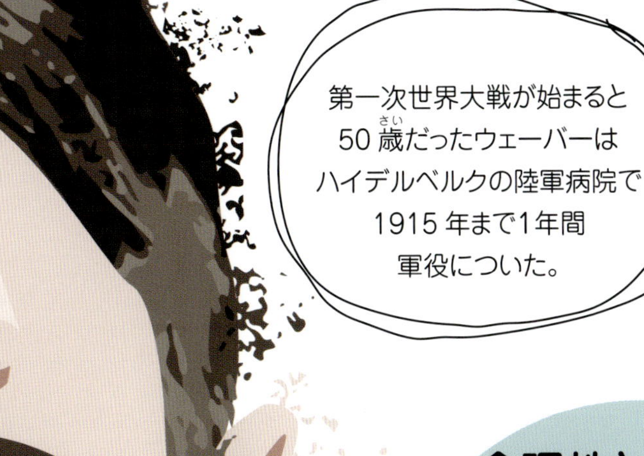

第一次世界大戦が始まると
50歳だったウェーバーは
ハイデルベルクの陸軍病院で
1915年まで1年間
軍役についた。

プロテスタントの労働倫理

ウェーバーの最も影響力があり、論争の的となった著作が『プロテスタンティズムの倫理と資本主義の精神』（1904～05）だ。これはプロテスタントの信仰や価値観と西洋の資本主義の発展との関係についての研究である。ウェーバーは、自己管理能力と厳しい労働に価値を置くプロテスタントの価値観が資本主義社会の中心にあり、このような宗教的理想があくなき利潤と富の追求へとすりかわったと主張した。

合理性という「鉄の檻」

ウェーバーは多くの著作の中で、社会の「合理化」の影響について述べている。これは理性や論理や効率性によって西洋の社会が組織されていったことを示している。ウェーバーは、合理化はより大きな技術的・経済的発展をもたらす一方で、人間の自由と創造力を制限すると述べた。ウェーバーによると、合理性は現代社会を「鉄の檻」に閉じこめ、広い範囲に「幻滅」の感覚をもたらしたという。

方法論的個人主義

ウェーバーは「方法論的個人主義」として知られる分析法を採用した。社会の変化をめぐるどんな研究においても、民族性や階級などの社会構造ではなく、個人とその行為に注目すべきだとウェーバーは考えた。彼はとくに人間の行為の背後にある動機や、社会の中で個人が相互にかかわり合い、互いを理解する方法の分析に関心を抱いていた。

いいことづくめ
お金を稼ぐこともたいへん重要だが、仕事は自尊心と社会における目的と地位をももたらす。また友好を築き、チームの一員としての自覚をもつ場でもある。

私たちはどうして働くの？

仕事は人生の多くを占めています。私たちは起きている間の大部分を仕事にあてています。こんなに時間をかけて、なぜ働くのでしょう？　もちろん、お金を稼ぐためです。しかし、それは働く理由の一部でしかないことが研究により明らかになっています。

> **なんといっても**
> **人生が与えてくれる最高の賞は、**
> **する価値のある仕事に**
> **打ち込めることだ。**
> セオドア・ルーズベルト　元アメリカ合衆国大統領

お金のためだけではない

アメリカでは、25 歳から 64 歳までの子どものいる平均的な労働者は 1 日 8.9 時間働き、7.7 時間眠り、1.2 時間、他人の世話をしています。そんなに多くの時間をさいて、私たちはなぜ働くのでしょうか。仕事は生活に必要なお金を稼ぐ手段です。しかし、仕事の中には報酬のないものもあります。たとえば、女性の時間の大部分は家事や子どもの世話などにあてられていますが、報酬が支払われることはあまりありません。

イギリスの社会学者キース・グリントは、時代や文化を通して見ると、西洋の仕事観は、世界でもきわめて特殊だといいます。たとえば、西アフリカでは仕事は体の自然なリズムに調子を合わせて行われます。元気なときは働き、疲れれば休みます。スペインやギリシアのような国では、一日の最も暑い時間には勤務時間中でもシエスタ（昼寝）をとるのが習慣になっています。

仕事が地位をもたらす

お金以外の動機でも人は働きます。仕事は地位の源であり、自分が世界において価値ある存在だという感覚をもたらしてくれます。初めて会った人に「どんな仕事をされているのですか」とたずねるのはごく一般的です。仕事は人びとが互いに出会い、長年

デザイナー

世界最大の
雇用主は
320万の従業員を抱えた
アメリカ合衆国
国防総省。

にわたる友好を築く場であるとともに、人の一生に構造とルーティンを提供してくれます。そのため退職したり失業したりしたときに苦労する人も少なくありません。そのとき人は突然、自分がたくさんの時間をもっていたことに気づくのです。

労働倫理

社会には「働くのはよいことである」という強い信念があります。働くことは道徳的義務であるというこの信念は「労働倫理」と呼ばれます。ドイツの社会学者マックス・ウェーバーは、西洋資本主義社会のルーツを探る中で、当時ドイツで主流の宗教であったカルヴァン派のプロテスタンティズムが、この信念の構築において重要な役割を果たしたと考えました。プロテスタントの信者は、一生懸命働き、地上で成功を収めていることが、天国に行けるよいしるしになると考えました。時代がたつにつれて、厳しい労働がもつ道徳的価値はその宗教的なルーツから切り離されましたが、厳しく働くこと自体は文化として受け継がれました。

このテーマをさらに拡大したのが社会学者カール・マルクスです。マルクスは人間は働く欲求と必要をともにもっており、その実現のために多くの創造的才能を備えていると考えました。その一方で、資本主義社会が組織されると、働くために自然に備わった能力と必要が歪められると考えました。働くことが人生の改善や、社会の安定をもたらすのではなく、エリートの利益につながっている。マルクスはこの状況を「疎外」と呼び、資本主義下の労働が人びとを不幸と不足感に追いやっていると述べました。

私たちが働く理由は複雑で多面的です。そこにはお金を得ることよりずっと多くの理由があるのです。

労働者協同組合

スペイン、バスク州のモンドラゴン協同組合企業は総収入100億ユーロ以上の優良なグローバル企業である。この組織は労働者協同組合の集合体で、労働環境の平等化が図られている。労働者は経営上の重要な決定に参加し、経営者も自分たちで選出する。また、経営者には、最低賃金労働者の賃金の5倍を超える額は支払われない。

仕事はどう変わる?

今日の新卒学生には「終身雇用」という言葉はぴんとこないでしょう。いまの多くの若者は同じ職場で働きつづける道を選びません。でも、かといって、選択肢はどのくらいあるのでしょうか。経営スタイルと求人市場の変化から、今日の仕事の世界はいっそう不安定になっています。

専門家は、2025年までに現在の仕事の20〜35%がオートメーション化されると予測する。

安定した仕事

仕事の世界は変化しています。20 世紀の終わりごろまでは、学校を出て、忍耐強さと運があれば、仕事は見つかると信じることができました。仕事は人生設計と、出世に通じるキャリアをもたらします。安定した雇用は、子育てや家の購入といった人生での事業の基盤でした。また、仕事は自分が何者であるかという感覚をもたらしてくれます。

無情な職場

今日、仕事は長期にわたる安心や見通しのきくライフスタイルの保証になりづらく、また、自分の変わらぬアイデンティティとも言いにくくなっています。その原因の1つが「新経営管理主義」にあります。これは勤務時間をすみずみまで細かく管理しようとする方法です。

イギリスの社会学者フィル・テイラーとボーン・エリスはコールセンターに見られる「新経営管理主義」の実態を調査しました。コールセンターの従業員には厳しい規則が課せられ、きちんと守っているか細かくチェックされていました。アメリカの社会学者リチャード・セネットは、このように管理された職場は魂を破壊すると述べました。かつて仕事の場は、共同体の一員であると感じることのできる場でした。しかし、いまや通過駅のように、やってきて、言われたことをして帰るだけの場になりはて、そこには意味が欠落しています。

参照:60-61

張り綱の上で
今日の不安定な求人市場では、多くの若者が短期の仕事を転々とさせられる。安定した雇用はめったにない。

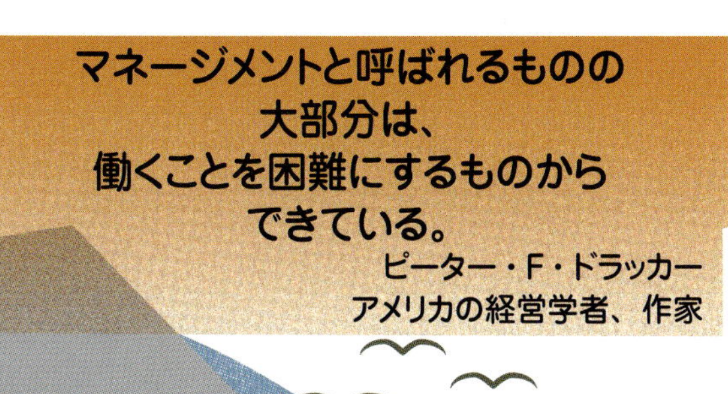

マネージメントと呼ばれるものの大部分は、働くことを困難にするものからできている。

ピーター・F・ドラッカー
アメリカの経営学者、作家

プレカリアート

仕事のもう1つの変化はフルタイムではない非正規の労働者数の増大です。イギリスの社会学者・経済学者ガイ・スタンディングは、このような新しい経済構造が生み出した労働者を自著のタイトルにもなっている「プレカリアート」という語で呼びました。これは「プレカリアス」（不安定な）と「プロレタリアート」（労働者）を合わせた用語です。スタンディングは、現代の若い世代は成長する中で、自分は望む人生を可能にするような仕事はけっして見つけられまい、という思いを抱えると指摘します。しかし、仕事がないのは意志や技能の欠如のせいではなく、現代の求人市場のあり方のせいなのです。

ロボットの到来

職場の決定的な変化はオートメーション（自動化）の発展です。たとえば、自動車産業の生産ラインの仕事の多くは機械が引き継ぎました。自動化が可能な仕事のリストは増加しています。事務はもちろんのこと、医者の仕事さえソフトウェアやロボットが肩代わりする可能性があります。仕事がロボットや自動化されたシステムに置き換えられていくことに対して、何をすべきか。それは今後のグローバル社会の大きな挑戦となるでしょう。

参照：68-69, 74, 130-131

ロボット、ベティ

2016年の夏、イギリスの輸送システム会社がオフィスマネージャー見習いとしてロボットのベティを採用した。ベティはバーミンガム大学の国際チームが設計したマルチタスク型ロボット。人工知能ソフトウェアで動きスタッフの確認や職場環境のモニタリング、セキュリティチェック、来客への応対までこなす。

アーリー・ホックシールド
1940–

アーリー・ホックシールドはアメリカの優れた社会学者でフェミニスト。スワースモア大学で社会学を学び、カリフォルニア大学バークレー校で社会学における感情の役割に関心をもって研究をつづけました。最も有名な著作『セカンド・シフト　第二の勤務――アメリカ　共働き革命のいま』（1989）では、女性の自宅と職場における役割と責任について論じました。最近は、現代アメリカ社会における感情と政治の関係に注目しています。

感情規則

ホックシールドは、アメリカのボストンで外交官の娘として生まれた。子どものころに外交官が人前で感情を抑える様子に魅了され、その後、人は状況に応じて特定の感情をもつよう期待されている点に興味を抱く。たとえば、一般に、「結婚や出世をすると人は幸せを感じる」と考えられている。ホックシールドは、社会には私たちの感情とのつきあい方を管理する「感情規則」という明確なルールがあるというのである。

感情労働

ホックシールドは『管理される心――感情が商品になるとき』（1983）で「感情労働」の理論を提唱した。感情労働では、従業員は仕事中に特定の感情を表すことを要求される。ホックシールドは 1980 年代の客室乗務員の調査結果から、乗務員が乗客に心から尽くすよう訓練されていることを示し、このことが乗務員にネガティブな影響を及ぼしていると主張した。時がたつにつれて、乗務員たちは自分自身の感情が失われていくように感じていたのだ。

「ほとんどの女性は、オフィスか工場で第一のシフトを、家庭で第二のシフトをこなす」

笑顔でサービス

ホックシールドの研究の多くは職場での女性の役割に注目している。女性は男性にくらべて店員や受付係、コールセンターのオペレーターなど、「よいサービス」と高いレベルの感情労働を求められる仕事につくことが多い。この傾向(けいこう)は、特定の仕事が女性により適しているとする考え方を強化し、男女不平等を招くとホックシールドは主張する。

1974年、ホックシールドは息子が3歳(さい)のとき『質問好きのコリーン』という子ども向けの本を書いた。それは質問することをやめられない女の子のお話だった。

感情と政治

ホックシールドは『故郷を失った人たち』(2016)で、感情の政治的選択(せんたく)への影響について述べている。ホックシールドは5年にわたってルイジアナに通い、アメリカ政府に失望している白人労働者階級の有権者と話した。彼女(かのじょ)は大規模な工業汚染(おせん)を被(こうむ)った地域の人びとが、なぜ損害を与(あた)えた企業(きぎょう)よりも政府を非難するのかを理解しようとした。

監視される労働者

近代科学は多くの人の労働を楽にしましたが、一方でそれは、人びとを支配する強力な道具としても広く使われています。何百万という労働者がいまや監視カメラに見張られ、その電子データがいつでも調査されうることを当然のこととして受け入れています。社会学者は職場の自由が侵害されていることに疑問を抱いています。

技術による支配

18 世紀後半のイギリスに始まった産業革命により技術が飛躍的に進歩し、以後、職場はいちじるしく変化しました。19世紀前半は技術革新の時代でした。とくに注目すべきは最初の機械式計算機と電機モーターでした。その後も、科学者はさらに精巧な機械や計算機を開発しつづけました。おかげで、それまで人間が何時間もかけて行っていた作業が数分でできるようになりました。

アメリカの社会学者でマルクス主義者のハリー・ブレイバーマンは 1960 年代に、技術的進歩を人間の労働が終わりを告げる予兆であると見なしました。ブレイバーマンは、人間はエネルギーと余暇を、自分らしい創造性や技能の発展に集中させる自由を得たと考えたのです。ブレイバーマンのビジョンはいまなお現実からかけ離れたままですが、技術的に洗練された機器によって、大半の労働者が大量生産ラインや反復的で時間のかかる事務作業から解放されたのは事実です。しかし、最新テクノロジーは、肉体的な負担を減らすと同時に、新たに微妙な形で人間の自由を制限しようとします。

メールのモニタリング

イギリスの社会学者カースティ・ボールの 2010 年の研究によると、100 人以上の従業員のいるアメリカの 294 の会社では、被雇用者の 3 分の 1 以上が、従業員の電子メールのチェックのために雇用されていた。また、アメリカの会社の 75%以上が、従業員のインターネット閲覧記録をチェックしていた。

情報監視

近年、社会学者の仕事は、生産性と効率の向上のために職場に導入されたテクノロジーに着目しています。それは監視カメラ、

**テクノロジーは、
あらゆることを支配するのを
可能にする。
ただしテクノロジーをのぞいては。**

**ジョン・テューダー
アメリカのスポーツマン**

コンピューター・ログイン・カウンター、コンピューター・モニタリング・ソフトウェア、電子スワイプカードのような、従業員の活動データを集めるために使用される監視技術です。監視カメラは、いかなるときもあなたの行動を記録し、あなたの生産性を記録した集計表はつねにコンピューターで閲覧可能です。このような状況はいわば監督が肩越しに見張っているようなものです。オーストラリアの経営アナリスト、ロジャー・クラークは、こうした監視装置を使ったのは、初めはごくわずかの雇用主だけだったといいます。しかし、いまや監視技術はコストが下がり、広く普及して、職場の一部となっています。従業員は「情報監視」下にあり、個人データシステムを使って活動をモニタリングされています。このようなシステムは、自宅でコンピューターで作業する従業員にも適用されます。その従業員がデスクに向かっている時間の長さと一日を通じた労働環境の行動がモニタリングされます。

情報監視は
犯罪者の追跡や
なりすまし犯罪の調査などの
目的のために
広く用いられている。

プライバシーの侵害?

クラークによると、重要なのは、「情報監視」から得られる情報を雇用主が直接利用するにせよしないにせよ、雇用者の支配の多大な部分は、従業員がつねに監視されていると気づいていることに拠っている、ということです。この指摘は、雇用主には従業員の勤務外の生活をどこまでコントロールする権利があるのかという議論を提起します。とくに懸念されるのは、雇用主が従業員のフェイスブックなどのソーシャルメディアへの投稿をチェックする傾向が増していることです。いまや私生活は職場にいるときと同じようにプライベートなものではなくなっているのです。

参照:80–81, 144–145

あなたは
監視されている
かもしれない。

あなたは本当にひとり?
たとえオフィスでひとりで働いていても、監視装置はあなたの行動をチェックし、電子メールを読むことができる。

実生活の中の
社会制度

宗教的義務

マックス・ウェーバーは1904～05年に発表した『プロテスタンティズムの倫理と資本主義の精神』の中で、資本主義が西洋で誕生した理由を示そうとした。ウェーバーは資本主義のルーツが1500年代のプロテスタンティズムにあると主張。プロテスタントは一生懸命に働いて成功することが、死後、救済されるしるしになると考えていた。

苦痛としての労働

1844年、26歳のカール・マルクスは『経済学・哲学草稿』として知られる一連のエッセイを書いた。マルクスの「疎外」の考え方はこの作品で発展した。マルクスは、人間は労働から満足を得ると考えた。しかし、職場における利潤の追求は、労働者に満足感を与えず、労働をみじめで有害な経験にすると考えた。

社会的接着剤

1912年、エミール・デュルケームは『宗教生活の原初形態』において、宗教が社会をまとめ、保持する接着剤の機能を果たすと述べた。その機能は2つある。1つは、宗教が社会秩序を維持するための一連の規則と行動規範を提供することによって。もう1つは、宗教儀礼が、信者同士を感情的に結びつける場となることによって。

住みやすい都市

ジェイン・ジェイコブズは1961年に発表した『アメリカの大都市の死と生』で、都市は、それ自体が巨大であっても、コミュニティの相互作用を可能にするような住宅や商店からなる小さな街区を必要とすると述べた。ジェイコブズは、住民や利用者みずからが都市計画に決定を下すべきだと考えた。

スラムでの生活

国連人間居住計画の試算によると、2030 年までに世界中の 30 億の人びとがスラム（非正規市街地）に住んでいることになる。スラムでの生活には大きな逆説がある。スラムは、高い貧困率と劣悪な健康状態や衛生環境にありながら、コミュニティと社会的連帯を生み出し、イノベーションを引き起こす場となっているのである。

教育

ユニセフによれば、小学校の就学年齢でありながら、教育を受けていない子どもの数は 5900 万人。その多くはサハラ以南のアフリカ地域の子どもたちである。そこでは長期にわたる貧困や不平等や社会不安のために教育を受ける機会が奪われているのである。

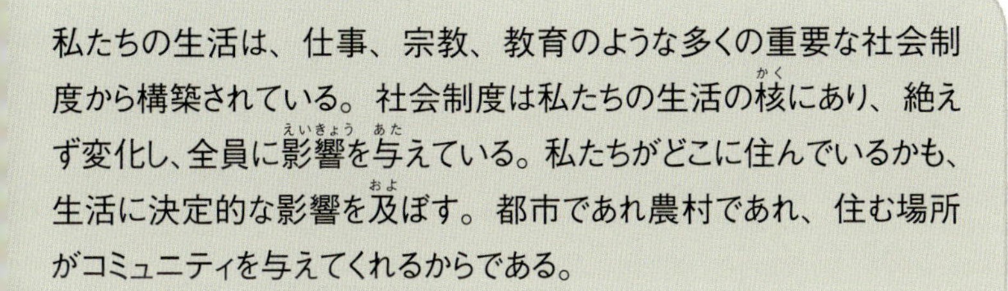

私たちの生活は、仕事、宗教、教育のような多くの重要な社会制度から構築されている。社会制度は私たちの生活の核にあり、絶えず変化し、全員に影響を与えている。私たちがどこに住んでいるかも、生活に決定的な影響を及ぼす。都市であれ農村であれ、住む場所がコミュニティを与えてくれるからである。

不安定な仕事

ガイ・スタンディングは『プレカリアート』（2011）で「プレカリアス（不安定）な生活」という考え方を唱え、以前にくらべて仕事が不安定化したメカニズムを説いた。前の世代にはあった雇用に関する諸権利がなくなり、決まった勤務時間も固定給もなくなったため、今日の労働者の暮らしはいっそう不安定になった。

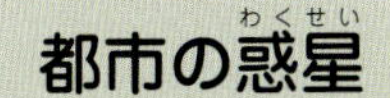

都市の惑星

2008 年を境に都市部で暮らす人びとが世界人口の半数を上回った。都市生活は人生に刺激を与える。新しい流行やアイディアは都市で生まれ、人は自分自身のための新たな人生を模索する。しかし、都市は孤独と孤立の場でもある。都市で暮らす人は他人から無視されがちで、人との接触を失いやすい。

なぜすべてが
悪くなるのか?

どんな社会でも、人は犯罪、心と体の病、ストレスなど、さまざまな問題や課題に向き合わなくてはなりません。社会学は、悪いことをもたらす社会的要因の理解を助けてくれます。特定の集団の調査により、なぜ、同じコミュニティの中で、ある人びとがほかの人びとより困難な生活を送っているのかも説明できるのです。

なぜ人は罪を犯すのか?

社会のルールを破る

ホワイトカラー犯罪

私たちはみな撮影(さつえい)されているのか?

推理小説?

健康と平等

生きづらさとメンタル・ヘルス

参照：50-51, 126-127

なぜ人は罪を犯すのか

ほとんどの人は犯罪に手を染めるような人生を送ることはないでしょう。しかし、だれかが法律を破ったとき、大衆の関心は犯罪の内容に注がれがちで、その背後にある社会的要因には向けられません。一般の人びとには、自分自身とほかの人びとには当然のものとして求められるような道徳的良心が、犯罪者には欠けているように思えるのです。

社会的圧力

社会学者は、犯罪者の心を分析するには犯罪の背後にある社会的要素の理解が重要だと考えます。つまり、社会がどのように犯罪を引き起こす要因となりうるのかを説明しようとします。フランスの社会学者エミール・デュルケームはその社会の価値観が人の考えや行動に強く影響すると考えました。この考えを引き継いでアメリカの社会学者ロバート・マートンは1940年代に「緊張理論」を唱えました。マートンはまじめな人たちと犯罪者とのちがいよりも類似性を強調します。

緊張理論によれば、法を犯す者の動機はしばしば周囲の文化が求めているものの影響を受けます。たとえば、多くの社会で経済的成功はよいものと見なされています。しかし、合法的に金銭を得る人がたくさんいる一方、犯罪によって金銭を得る人もいます。このような犯罪者は、それ以外の人びとと同じく、社会が認めている理想に突き動かされているといえます。彼らもまた、生活の安定と豊かな暮らしを望んでいるのです。

究極の選択

窃盗は
世界中で
最もありふれた
犯罪である。

ほとんどの人は生活の安定と快適な生活を得るために、公に認められた道徳的規準に従います。教育を受けて、仕事を見つけ、社会の中で地位を上げるよう努めます。マートンは、社会から取り残された弱者がこうした理想を実現する機会のないところでは、より多くの犯罪が起きる可能性があるといいます。失業率の

ビジネスのような犯罪
計画的な犯罪者の中にはビジネスマンのような者たちもいる。彼らは盗品の入った袋の代わりにブリーフケースを持ち歩き、マーケットの動向に目を光らせている。

高いエリアや、教育への機会が限られていたり、民族的または宗教的な差別があったりするエリアに暮らしているなら、だれであろうと、主流の社会への参加を困難だと感じかねません。このとき人は選択に直面します。社会の周縁での生活を受け入れるか、それとも目的を達成するために違法な手段を用いるかという選択です。

> **どんな社会にも、その社会に見合った種類の犯罪がある。**
> ロバート・ケネディ　アメリカの政治家

実生活の中での犯罪

マートンは犯罪者が、法律を遵守する人びととまったくちがう人だとは考えません。たとえば麻薬のディーラーのようなタイプは、商取引の世界で活躍する実業家に見立てることができます。実業家と同じく、犯罪者も金を得るために商品を選び、仕入れを行います。つまり、その品物を買ってくれるマーケットはすでに存在しているのです。マーケットがなければ、それをつくらなくてはなりません。麻薬取引の場合、ユーザーが中毒になり、継続的な供給に依存するようになるまで、麻薬業者は営業活動をつづけます。

マートンは、犯罪を大目に見ているわけではありません。マートンは、犯罪者は、合法的な社会的役割を果たすための平等な機会が与えられていないために罪を犯すケースが多いと指摘します。つまり、犯罪を減らすには犯罪者の性格よりも、犯罪を引き起こす社会的な要因に注目すべきだというのです。

参照：76–77, 78–79, 84–85

犯罪のボス

アル・カポネは1899年にニューヨークのスラムに生まれた悪名高い犯罪者。20代のとき禁酒法下のアメリカで大衆に酒を供給する巨大な帝国を設立した。1931年の裁判で、カポネは、実業家と同じように、自分は人が欲しがるものを供給しただけだと主張し、11年の懲役を宣告された。

エミール・デュルケーム
1858-1917

エミール・デュルケームは、フランス北東部のエピナルで敬虔なユダヤ教徒の家庭に生まれました。父のようなラビにはならず、パリの高等師範学校で哲学を学びます。1887年にはボルドー大学にフランスで最初の社会学のコースを開講しました。デュルケームは社会学の創始者の1人とされ、社会構造の理論ならびに宗教や自殺や教育に関する著作でよく知られています。

生きている有機体

デュルケームは社会構造をめぐる理論で知られる。社会とは異なる器官が異なる機能を果たしている「生きている有機体」だという考え方だ。デュルケームは、成功した社会とは、健康な身体のように、部品同士が連携して一丸となって働くシステムだという。一部が損なわれると、残りの社会は機能しない。このような社会学的アプローチは、のちに「機能主義」として知られるようになった。

アノミー

デュルケームは、社会がまとまるには価値と信念が共有されることが必要だと考えていた。『社会分業論』(1893)の中で、デュルケームは、社会の工業化が進むにつれて、職業の専門化が進み、職場で共有される経験は少なくなると主張した。社会における人間の孤立化がますます進んだことによる絶望感をデュルケームは「アノミー」という言葉を使って描き出した。

「集団の考え方、感じ方、行動の仕方は、その集団の構成員ひとりひとりの考え方、感じ方、行動の仕方とはまったくちがう」

社会的事実

デュルケームは、『社会学的方法の規準』（1895）の中で、社会についてのどのような研究も「社会的事実」に基づくべきだと主張した。社会的事実とは、宗教、言語、教育のように、人びとから独立して存在しながらも、人間の生活を左右する力をもった制度を指す。デュルケームは、社会的事実がどのように社会をまとめあげ、道徳的な道しるべとして機能するかに注目していた。

デュルケームは
ひとり息子のアンドレが
第一次世界大戦で戦死したあと、
急激に健康を害し、
1917年に59歳（さい）で亡くなった。

宗教の役割

デュルケームは、若いころにはユダヤ教に背を向けたが、宗教が社会において重要な役割を果たしていることは確信していた。そして、宗教的信仰（しんこう）（とくにユダヤ教のような古くからの信仰）が帰属意識や共同体感覚をもたらすと主張した。『自殺論』（1897）では、強い宗教的信条で結びついたコミュニティでは自殺率がひじょうに低い点に注目した。

社会のルールを破る

どんなタイプの社会でも不正をすれば罰が下るのがふつうです。ルールを破った場合、その罪の重さに応じて、親の小言ですむこともあれば、実刑判決を受けたり、世間の非難にさらされたりすることもあります。とはいえ、大多数の人には刑を受ける機会はないでしょう。

現在知られている最も古い法典はシュメールの王ウル・ナンムによって紀元前2100年ごろに書かれた。

ルールに従った生活

私たちはルールを必要とします。ルールがなければ生活は予測できず、安全ではなくなります。子ども時代から私たちは集団の一員となることを学びます。家族、学校、仕事場の一員になるとはルールに従うことを意味します。人前でのふるまい方などには、両親からのしつけも必要となるでしょう。どのような行動が受け入れられるか、あるいは受け入れられないかは、たいてい自分で理解します。その他のタイプのルールは法律によって定められます。

ルールを破れば、罰せられるのが一般的です。社会が変化すると、罰の性質も変化します。イギリスの社会学者デービッド・ガーランドによると、罰は「社会制度」です。ガーランドは、罰は社会の人びとによってつくられ、ほかの制度と同じように、ある範囲において機能すると述べています。

道徳が十分ならば、法律は必要ない。

エミール・デュルケーム
フランスの社会学者

参照：74-75

どのように処罰するのか

『社会分業論』(1893)の中で、フランスの社会学者エミール・デュルケームは、社会や時代の変化に応じて処罰の仕方がどのように変化してきたかに着目しました。

過去において、コミュニティの人びとは、互いに共通する価値観や行動規範によって結びついていました。これをデュルケームは「機

社会への返済

イギリスやアメリカでは、たとえば飲酒運転のような特定の種類の犯罪で有罪判決を下された犯罪者は、社会復帰をサポートするコミュニティベースのプログラムに参加できる。彼らは自分が犯した罪のリスクについて若者に警告したり、若者の将来の希望の実現を手助けしたりすることも可能だ。

名前を知られたり、恥をかいたりすることが犯罪の抑止になる。

よき行い
社会に非難されることへの恐れ、何が正しいのかという自分自身の感覚が、私たちに法律を守らせる。

械的連帯」と呼びました。そのような社会では違法行為をすれば人びとの怒りを買い、「抑圧的な」処罰が下されました。つまり、犯罪者は罪の対価を支払わされたのです。集団から追放されたり、肉体的に罰せられることもありました。対照的に現代社会での処罰は「復原的」です。犯罪者を追放したり、身体的に罰する代わりに、犯罪者を社会に復帰させ、その行為による損害を修復することを目指します。ドイツの社会学者ノルベルト・エリアスによると、処罰の当事者も時代によって変化したといいます。昔は、不正を行った者を処罰するのは犠牲者または犠牲者のコミュニティでした。現代社会では処罰を行うのは警察や裁判所のような定められた機関です。

非難されることへの恐れ

エミール・デュルケームは、多くの人が犯罪を犯さない第1の理由は、処罰への恐れではないと考えました。むしろ、社会の道徳的価値観こそが犯罪の大きな抑止力として働いていると述べました。私たちは若いころにルールを破ることのほうが罰を受けることより一大事であることを学びます。不正は罪悪感や羞恥心や自己非難を呼び起こします。世間の目、家族の恥、自責の念を抱えて生きることを考えれば、法律を破る気にはなれません。

デービッド・ガーランドは、刑務所の数が増えつづけるのは刑事司法制度が機能していないためではないと指摘します。社会から切り離されると、常識的な規範を受け入れなくなったり、あるいは社会による非難や告発を気にしなくなったりするのです。

ホワイトカラー犯罪

重大な犯罪は町の中や路上だけで起きるわけではありません。大企業の立派な扉の背後で犯されるものもあれば、コンピューター・ファイルの中に隠され、複雑なデータの中に埋もれているものもあります。これらは「ホワイトカラー犯罪」と呼ばれ、不正な目的での金銭の流れにかかわっています。そうした犯罪は見つけにくく、捜査にもコストがかかります。

企業犯罪

ホワイトカラー犯罪は、しばしば企業犯罪と呼ばれるものと関係している。そこでは個人は会社の利益のために犯罪的行為を行う。それは個人的に会社の金を横領する犯罪ではない。

送金中……

重大な罪

私たちの社会で犯される重大な罪の中には、暴行、窃盗、破壊行為などの「ストリート犯罪」があります。これは多くの人の目を引き、犠牲者の人生に多大な影響を及ぼします。ふつうはこのような暴力を受けたら、ためらうことなく警察へ行きます。

深刻ではあっても、人目を引きにくいのが社会学者のいう「ホワイトカラー犯罪」です。これは公金横領、脱税、詐欺、背任行為などです。ホワイトカラー犯罪は身体を傷つけることはないかもしれませんが、人びとと企業に大きな損害を与えます。しかし、それが報じられることはあまりありません。

金融業界での私の経験は、ホワイトカラー犯罪を書くうえでかけがえのない基礎になっている。

サラ・パレツキー　推理小説家

専門的知識

有名なアメリカの社会学者エドウィン・サザーランドは、ホワイトカラー犯罪は、サザーランドが「尊敬される人たち」と呼ぶトップキャリアにある人びとによって行われることが多いと指摘します。歴史的に、ホワイトカラー犯罪はストリート犯罪にくらべると社会学者、メディア、政治家、法の執行機関の関心がはるかに低いのです。これには多くの理由があります。まず、物的損害や暴力と比較して、ホワイトカラー犯罪ははるかに見つけにくい点が挙げられます。ある行為が犯罪にあたるかどうかの確認には専門的知識が必要です。法的措置をとろうとすれば、詐欺には複雑な税法の知識が、株式市場のインサイダー取引には金融のルールや法の知識が、ハッキングやサイバー犯罪にはコンピューター・プログラムについての専門的知識が必要になります。

大多数のホワイトカラー犯罪者の典型は大卒の白人男性。

参照：72-73

見えない窃盗

ホワイトカラー犯罪は隠蔽が容易で、何ヵ月も、ときには何年も気づかれません。細かく取り調べられないかぎり、本物らしく見える経費の不正請求によって、払ってもいないお金を手に入れることも可能です。少額のお金を業務用口座からかすめとることもできます。

たとえホワイトカラー犯罪が発覚しても、報じられることはあまりありません。その犯罪が明るみになると被害が拡大する場合があるからです。会社も、顧客の信頼を損なわないために窃盗被害を認めたがらないかもしれません。内部の犯行であると認めれば、会社自体の健全性の評価に影を落としかねないからです。

ホワイトカラー犯罪の対価

アメリカで活躍する社会学者ジョセフ・マルティネスは、多くの人びとはホワイトカラー犯罪は暴力犯罪ほど深刻ではないと考えているため、その報告数はきわめて少ないと述べています。しかし、ホワイトカラー犯罪の被害額は膨大です。アメリカの社会学者 D・スタンリー・エイツェンの研究によると、ストリート犯罪がアメリカ政府に及ぼす平均損害額が 35 ドルである一方、脱税、横領、詐欺といったホワイトカラー犯罪の平均損害額は驚くべきことに 62 万 1000 ドルです。

マルティネスはホワイトカラー犯罪の社会的コストがたいへん大きいことから、ホワイトカラー犯罪にはストリート犯罪より重い罰を科すべきだと指摘します。法の執行機関は、ホワイトカラー犯罪への処罰を軽くすることによって、真の正義を犠牲にして社会秩序の維持を図っているのだというのです。

参照：82–83

**ワンクリックでも
罪は犯せる。**

10 億ドル詐欺

高額のホワイトカラー犯罪で一般大衆の注目を集めた裁判もしばしばある。1990 年代、イギリス生まれのトレーダー、ニック・リーソンは勤務していたベアリングス銀行で 14 億ドルの損失を隠蔽した。警察捜査の後、同銀行はつぶれ、数百人が職を失い、リーソンは 3 年半投獄された。

私たちはみな撮影されて

いまや
シャツのボタンに
隠すことができるほど
小さなスパイカメラも
購入可能。

私たちは公共の空間ならどこであろうと、おそらく撮影されているはずです。監視システムは、商店、路上、空港や駅、バスや地下鉄の中で私たちを追跡しています。こうした「スパイカメラ」が悪い行いを減らすことは証明されています。しかし、これもまた隠れたマインド・コントロールなのでしょうか?

私たちの監視社会

「ビッグブラザーがあなたを見ています!」このキャッチフレーズは、多くの人びとに、同じ家に暮らす人たちが24時間にわたって撮影され、放映される世界ネットのリアリティ番組を思い出させます。さらに有名なのは、イギリスの作家ジョージ・オーウェルの古典的小説『一九八四年』に登場する全体主義国家のおそらくは実在しない指導者です。1949年に出版されたこの作品で、オーウェルは、人びとの言動や行動がすべてを見通す権力によって監視されている1984年の

いるのか？

> **厳しく見張られれば、われわれは行儀よくふるまう。**
>
> **ジェレミー・ベンサム**
> **イギリスの社会改革家**

架空の未来社会を描いています。フランスの哲学者のミシェル・フーコーは、オーウェルが危惧していた監視社会が現実になったといいます。

人びとを管理する

近代社会の発展と人びとの農村から都市への移動とともに、小さな都市の中にある大きなコミュニティの人口は手に負えないほどふくれあがりました。これによって社会秩序が脅かされ、統制が効かなくなりました。

18世紀イギリスの哲学者で社会改革家のジェレミー・ベンサムは、人びとの行動ではなく心をコントロールして社会の秩序を保つ理論を提唱しました。

モニター上で
監視カメラは作動している。
しかし、その映像をいったいだれが見ているのか？

パノプティコン

ベンサムの最も影響力のあったアイディアは「パノプティコン」と呼ばれる刑務所のデザインでした（パノプティコン Panopticon とは、ギリシア語の Pan［すべて］と opticon［観察］という語に由来します）。これはドーナツのような形状の建物で、中央に監視塔があり、環の外壁に囚人を収容する多くの小部屋があります。監視塔に番人がいるどうかは囚人にはわからず、自分たちが監視されているかどうかもわかりません。こうしたつねに不確かな環境がプレッシャーとなって、囚人は行儀よくふるまいます。

参照：48–49

心を支配する力

ベンサムの刑務所は実際には建設されませんでしたが、フーコーは『監獄の誕生——監視と処罰』(1975) において、パノプティコンを今日の社会における監視を理解するためのモデルと見なしました。監視カメラは、現代の技術によってつくられたパノプティコンです。カメラの監視下にあることで不安になり、大多数の人びとは自分たちが不断に撮影され、だれかに見られていることを前提に行動します。

監視に慣れれば慣れるほど、人はそのことに無関心になります。しかし、たいていは無意識のうちに、自分の行動を調整しているのです。フーコーはこれこそが真の権力のあり方を示す好例だといいます。権力とは、人に気づかれぬままに影響することによって機能するのです。フーコーは、自分がコントロールされていると気づかぬまま多くの時間を過ごすうちに、このような権力の作用に抵抗しなくなると述べています。

推理小説?

犯罪は恐怖とともに想像力をかきたてます。細かい証拠を積み上げて犯人の逮捕にいたる道筋は、ときに事実というより小説のようです。しかし、現代の警察は、ひじょうに高度な捜査ツールの数々を開発しています。その1つが犯罪者のプロファイリングです。これは、現場に残された情報や、過去の犯罪のデータベースをもとに、犯人像を割り出す方法です。

もはやフィクションではない

ビクトリア朝のロンドンを舞台に活躍した名探偵シャーロック・ホームズから21世紀の犯罪サスペンスまで、テレビ番組や小説や映画は、犯行を細かく吟味することで、犯人像の推定が可能だという見方を私たちの心に植えつけました。ホームズやテレビの犯罪捜査チームはフィクションですが、その捜査方法は現実に行われています。

犯罪者のプロファイリングは1970年代にアメリカ・ヴァージニア州クワンティコにあるFBIアカデミーの行動科学課で創始された。

すべては細部にある。犯行現場の手がかりが

連続事件の犯人

捜査員が初めてプロファイリングを使ったのは連続事件の犯人の逮捕のためでした。ほかにも警察は、動機が見えにくいケースや、犯行現場に手がかりがほとんど残っていないケースでプロファイラーの協力を求めることがあります。同様に、誘拐のような一般大衆の注目を引きやすいケースでも、警察とプロファイラーは容疑者が見つかるまで協力します。

プロファイリングは強盗のような「日常的な」タイプの犯罪にはあまり使われません。犯人像を推定する際、警察は社会学、心理学、犯罪学など一連の研究によって発展してきたプロファイリング技術を使います。プロファイリングの背景には、すべての犯罪者は、特定の社会的・精神的な要因を抱えているという理論がありま

参照：72-73

直接の証拠以上のものはない。

シャーロック・ホームズ
(アーサー・コナン・ドイル『緋色の研究』より)

す。犯人自身がそのことを自覚しているかどうかはわかりませんが、捜査員はそこから犯人像を構築していくのです。

犯人像を割り出す

プロファイラーの仕事は犯罪者の行動パターンを確認することです。社会学的・心理学的思考と方法論を参照しつつ、犯人像を特定する要素をしぼりこみ、容疑者に「一貫性」があるかないかを浮かびあがらせます。一貫性のある犯罪者は、その犯罪も比較的計画的で、秩序があります。平均して高い知性があり、専門職につき、社交的で、結婚しているか交際相手がいる可能性が高いです。一般的にいって、一貫性のある連続殺人犯は、失業や人間関係の破綻、あるいは愛する者の死といった突然の波乱のあとで殺人を犯します。犠牲者をわなにかけるのに自分の対人関係スキルを用いる場合も多く見られます。

対照的に一貫性のない犯罪者はたいてい楽観的で、事前の計画性が乏しい傾向が見られます。彼らの多くは仕事がなく、不安定で、社会に適応できず、人間関係を維持できません。ドラッグやアルコールの影響で犯罪に走るケースもよくあります。彼らは、犯罪現場から比較的近くに住んでいる傾向があり、また人生を広い視野で見る計画性が欠けています。犯行現場に見られる場当たり的な行動を示す痕跡にも、それが反映されています。

「ユナボマー」の逮捕

1969年から1995年にかけて「ユナボマー」と呼ばれた爆弾犯による連続爆破事件が続いた。FBIプロファイラーのジョン・ダグラスは、爆弾犯が白人で、知性に見合った評価が得られず、ひとり暮らし、あるいは彼の素性を問わないだれかと暮らしていると推論した。警察は犯人が早期に退職したカジンスキーという元大学教授であることをつきとめ、1996年に彼を逮捕した。

犯人の性格を浮き彫りにする。

警察での経験に加えて、プロファイラーは通常心理学と科学捜査の訓練を受ける。

参照：84–85, 88–89

ハワード・ベッカー
1928—

ハワード・ベッカーは、アメリカのシカゴ生まれ。シカゴ大学で社会学を学んだ後、ノースウェスタン大学へ移り、そこで社会学の教授になりました。ベッカーは「ラベリング理論」でよく知られています。これは、あるタイプの行動と個人がなぜ「逸脱(いつだつ)」と見なされるのかを問うものです。優秀(ゆうしゅう)な音楽家でジャズピアニストでもあるベッカーは、現代社会におけるアートとアーティストの役割にも強い関心を抱(いだ)いています。

「逸脱(いつだつ)した行動とは、人びとがつけたラベルだ」

ラベリング理論

『アウトサイダーズ』(1963)でベッカーはある種の人たちや行動がなぜ「逸脱(いつだつ)」と見なされるのかについて分析(ぶんせき)している。ベッカーによれば、「逸脱した」行動といわれるものは存在しない。ある行動が「逸脱」となるのは、裁判官や政治家のような社会の権力者が、そういうラベルを貼(は)るからである。ベッカーは、政権を握(にぎ)る人たちは中流から上流階級である傾向(けいこう)があるため、下の社会階級の人たちに否定的なラベルを貼りがちであるという。

ベッカーは15歳のときには
シカゴのクラブで
ピアニストとして働いていた。
そこで彼は音楽家が
社会のアウトサイダーだと
ラベリングされていることを
初めて目の当たりにした。

アウトサイドに立つ

ベッカーは、人びとを「アウトサイダーズ」とラベリングする効果に関心を抱いた。「逸脱した者」というラベルを貼られた人は、その後、逸脱した行動をとりやすいとベッカーは考えた。たとえば、ギャングが支配するスラムに住むティーンエイジャーは、実際はそうでなくても「ギャングのメンバー」というラベルを貼られがちだ。長期にわたってこのようなラベリングを貼られていると、実際にギャングのメンバーのような行動をとるティーンエイジャーが増える可能性がある。

孤独なアーティスト

ベッカーは音楽家や脚本家や画家のようなアーティストが「ノーマルな」社会の外で孤立して活動するという見方に同意していない。『アート・ワールド』(1982)で、ベッカーは芸術作品を生み出すには多くの専門家が必要だと指摘した。アーティストは人びとのネットワークに依存している。ほかのアーティストや素材の供給者、卸売業者、批評家、ギャラリーのオーナー、観客などといっしょにアートの世界をつくりあげる。

明確にする

ベッカーは、教員としての活動の中で、学生に自分の考えを明快に、簡潔に説明することを勧めた。彼は一部の社会学者が難解な言い回しを使うことに批判的だった。『ベッカー先生の論文教室』(1986)では、ベッカーは学生と研究者に向けて、読みやすく、魅力的なスタイルで社会学について書くよう現実的なアドバイスをした。

参照:24-25, 34-35

私たちの暮らしている社会のあり方が

健康と平等

私たちは、ふだん健康を、体の活動にかかわることだと考えています。どのくらい運動しているか。どのくらい食べたり、タバコを吸ったり、お酒を飲んだりしているか。けれども、私たちが属する社会集団と、自分が生活をどのくらいコントロールできているかも、私たちの健康に影響を及ぼしています。

社会の周縁にいればリスクは高まる。
支援の仕組みの行き届いた
社会集団の中なら安全に暮らせる。
マイケル・マーモット　世界保健機関

健康のパターン

健康であるための第1条件は、自分がどのような社会に暮らしているか、その中でどのような位置にいるかです。一般的に社会的平等が実現されている国のほうが、そうでない国にくらべて健康に恵まれている傾向があります。北欧の国々(ノルウェー、スウェーデン、デンマーク、アイスランドとフィンランド)は、ほぼ例外なく平均寿命が長く、アメリカやイギリスを上回っています。これらの国々での暮らしに何が実現されているかを見れば、そのちがいの理由が見つかります。北欧の社会では平等が重視されているとともに、人びとが協力し合い、互いを気づかう精神があります。英語圏の国や社会では競争的な個人主義が重視される傾向にあります。そこでは勝者がすべてを手に入れ、敗者が得ることのできるものはほんの少しです。

健康と社会的地位

1つの社会の中にもちがいがあります。平均寿

分離

社会集団や民族的出自に基づく否定的視線が、健康に有害な影響を及ぼすことがある。

参照：88–89, 94–95

人びとの健康に驚くほどのちがいを生み出す。

命、罹病率は所属する社会集団によって決まります。社会階級の下のほうの人びとや、少数民族に属している人びとの健康状態はよくない傾向があります。健康的な食事をしない、そのゆとりがない、あまり運動しないといったことだけが、健康状態を決めているわけではありません。人生を価値あるものにするための力をもっているかどうかが健康に影響するのです。

同じ貧しさでも、イギリスで貧しいよりノルウェーで貧しいほうがましです。なぜか？　ノルウェーのほうが、より多くの資源があるからです。お金だけの問題ではありません。イギリスで貧しい者に向けられる否定的視線が、ノルウェーでは見られません。このため目的のある生活を送るのに十分な財政的安定と安心感がもてます。

アメリカ領とイギリス領に分かれているカリブ海地域の黒人の健康調査は、国の状況と健康との関係を示すもう1つの例です。この地域の人びとは共通の先祖と文化をもっていますが、その生活のあり方は大きく異っています。イギリス領の地域の黒人はアメリカ領の地域にくらべて、より否定的でステレオタイプ的な人種差別に直面しています。その結果、イギリス領の黒人の健康状態は、アメリカ領の黒人より低くなっています。

人の平均寿命には
大きなばらつきがある。
世界の貧しい地域では
50歳くらいで、
もっと豊かな国々では
80歳以上だ。

平等は健康にいい

バランスのよい食事をとり、定期的に運動するのも重要ですが、それ以上に私たちの健康に根本的な影響を与えているのは社会です。すべての人が充実した人生を送るための同じ条件と平等な機会を与えられれば、みながジョギングを始めるよりも、私たちの社会の健康は全体的に高まるでしょう。

生きづらさとメンタル・ヘルス

メンタル・ヘルスをめぐる問題は、多忙でストレスの多い現代世界ではますます一般的になっています。イギリスでは、4人に1人が一生の間になんらかのメンタルの問題を抱えます。また5歳から16歳の子どもの10%がメンタル・ヘルスに問題があります。社会学者は最も一般的なメンタル・ヘルスの問題である抑うつと不安の原因が、複雑で過酷な社会に暮らしていることにあると考えています。

診断を受けること

イギリスの社会学者ジョアン・バスフィールドは、「異常」と考えられているさまざまな行動は、人生の困難に対する反応として理解できるといいます。しかし、医者のほうにメンタル・ヘルスの問題に対処するための特別なトレーニングが欠けているので、しばしば薬物が処方されるのです。

医療専門職が心の病という診断を下すとき、ジェンダーや民族やセクシャリティや階級をめぐる社会的偏見や固定観念が、患者の言動と、それに対する専門家の受け止め方に影響を及ぼす可能性があります。たとえば、患者の「心が痛む」とか「憂うつな気分です」という訴えはさまざまな解釈が可能です。心の苦痛の説明に使用される言葉も、その人が属する文化的・社会集団によって異なるのです。

友人と家族の支援が回復を助けてくれる。

不平等の効果

イギリスの研究者リチャード・ウィルキンソンとケイト・ピケットは『平等社会――経済成長に代わる、次の目標』(2009)において、収入格差(最も富裕な者と貧しい者との収入の差)が大きい社会ほど、人びとが心の病にかかる率が高くなると述べています。イギリスやアメリカのような収入格差の激しい社会では、人は過剰なまでに競争的で、苦労していたり人生に成功していないように見える人たちに対して

どうして「メンタル」でなければ体のどこが病気になっても同情してもらえるのかしら?

ルビー・ワックス　コメディアン、メンタル・ヘルス運動家軽蔑的な傾向があります。こうした社会は、流行の人気商品（スマートフォンや洋服など）や、非の打ち所のない幸せな家族、満足のいく社会生活といったパーフェクトな人生を誇示するよう人びとに多大なプレッシャーを課します。

スティグマ（汚名）の影響

アメリカの11%もの人びとが毎日抗うつ剤を服用している。

アメリカの社会学者アーヴィング・ゴッフマンは『スティグマの社会学』（1963）で、心の病を抱えた人が、まわりの否定的な反応を避けるために、ふつうであるふりをしつづける姿を描きました。そのために細かく神経をつかわなくてはならないので、本人は大きな精神的ストレスを抱えます。また、2014 年にアメリカの社会学者ブルース・リンクとジョー・フェランは、心の病を抱えた人が、怠惰であるとか弱いとか危険であるなどと見なされ、友人や家族から孤立し、自分の病気を恥じる傾向があることを示しました。これが病気の回復を遅らせるとともに、彼らへの偏見を助長しているのです。

うつ病にかかると、人は孤立感をおぼえ、汚名をきせられたような気持ちになる。

精神的な苦悩は私たちの複雑な競争社会の要請の結果である。

病気になる
抑うつや不安から病気になると、強い孤立感をおぼえて、汚名をきせられたように感じるかもしれない。心の病になることの真の意味を理解している人はほとんどいない。

健康への警告

イギリスの精神科医オリバー・ジェームズは『金満病』（2007）で、富を得ることへの社会的圧力が精神衛生上有害だと述べた。ジェイムズが例としてあげている 35 才のニューヨークの株式仲買人サムは、おしゃれなアパートに住み、シェフを雇っているが、孤立した生活を送り、人と深い関係を築くのが困難だと感じている。

実生活の中の 犯罪と健康

アノミー

アノミーとは、一部の人びとが社会から外れたり、孤立したりすること。フランスの社会学者エミール・デュルケームとその著書『自殺論』(1897)と関係した用語である。デュルケームは、アノミーが急激な社会の変化によって引き起こされ、人びとが自殺する原因の1つになっていると考えた。

メンタル・ヘルス

うつ病の発見は紀元前 480 年ごろの古代ギリシアに遡る。この病気はメランコリアと呼ばれた。10 世紀にはペルシャの学者アル・アカワイン・ブハリが、さまざまなメンタル・ヘルス上の問題について記述し、植物とハーブを用いた食品を食べるよう勧めたり、オリジナルのレシピを考案したりして、苦しむ人を助けた。

逸脱

デュルケームは、逸脱とは相対的であり、文脈に依存していることに着目した。たとえば、1960 年代までは同性同士の恋愛はアメリカとイギリスでは違法であり、逸脱と見なされていた。一方、南米では 1831 年にブラジルで、1887 年にはアルゼンチンで同性愛が合法化されている。

健康

社会学に健康の研究の道を開いたのは、タルコット・パーソンズが 1951 年に提唱した「病人役割」という考え方だ。パーソンズは病人には社会が期待する次の 4 つの役割があると考えた。「通常の責務を免除される」「病気であることに責任をとらなくていい」「よくなりたいと望む」「よくなるために援助を求めたり、協力したりする」の 4 つである。

人種間緊張

アメリカの人種間緊張を示す指標の1つは、警察の活動の結果亡くなった若い黒人の数だ。ワシントン・ポスト紙によると、2016年にアメリカで警察によって殺されたのは963人。そのうち41%が黒人かラテンアメリカ系だった。彼らはアメリカの人口の31%しか占めていない。黒人の男性はアメリカ人口の6%しか占めていないにもかかわらず、非武装で殺された者のうち33%が黒人の男性だった。

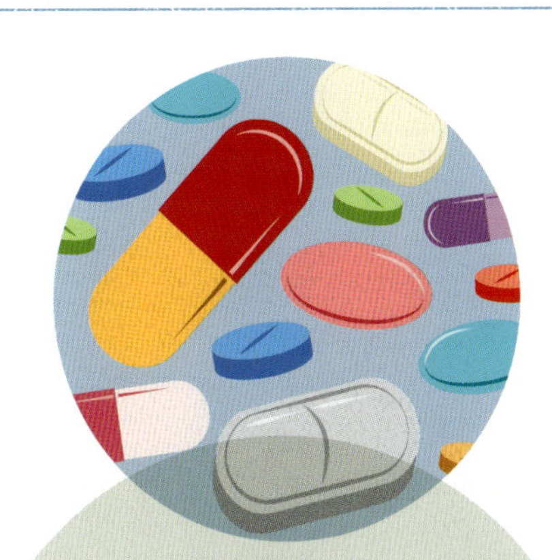

医療化

「医療化」とは、ありふれた日常的な問題が医業の管理下になることを指す。イギリスの社会学者スージー・スコットは『恥じらいと社会』（2007）の中で、恥じらいのようなものまでもが、いまや性格的な特性ではなく、投薬を必要とされるという現在の状況について述べている。

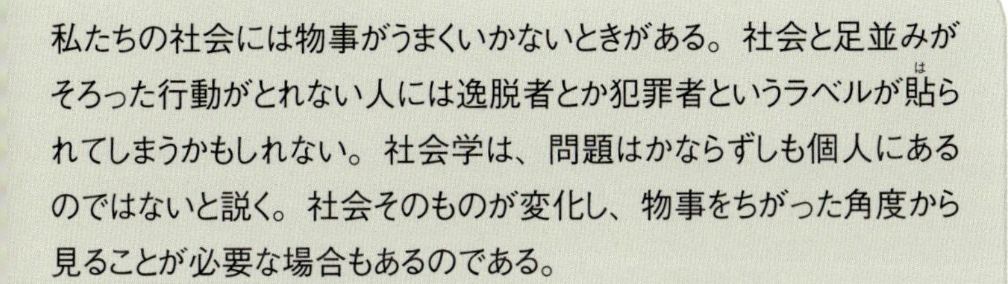

私たちの社会には物事がうまくいかないときがある。社会と足並みがそろった行動がとれない人には逸脱者とか犯罪者というラベルが貼られてしまうかもしれない。社会学は、問題はかならずしも個人にあるのではないと説く。社会そのものが変化し、物事をちがった角度から見ることが必要な場合もあるのである。

割れ窓理論

1982年、アメリカの研究者ジェームズ・ウィルソンとジョージ・ケリングは「割れ窓理論」を提唱した。これは窓を割るような小さな犯罪でも警察が取り締まらないと、より重い犯罪が起きるという考え方。この理論をもとに、1990年代のニューヨークでは、地下鉄の落書き対策として警察はゼロ・トレランス方式と呼ばれる容赦のない取り締まりを行った。

監視

私たちは自分たちの行動を追跡するカメラに囲まれた世界に住むのに慣れている。フランスの哲学者ミシェル・フーコーの『監獄の誕生』（1975）はこうした傾向を指摘した最初の著作だった。

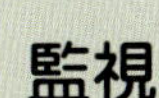

フーコーは、監視が、たとえ見張られていないときでも人が行儀よくふるまうよう、どのようにして人を「わな」にかけるのかについて書いた。

どうして世界は
こんなに不公平なのか？

多くの社会学者が、私たちの世界が不平等な理由、一部の国々が他国よりもはるかに豊かで成功している原因を研究しています。答えはグローバル経済と多国籍企業の活動にありそうです。貿易のグローバル化は世界中に雇用の機会を増やしましたが、すべての国に等しくお金と地位の面で利益をもたらすわけではありません。

スーパーリッチ

富と地位

貧困のわな

悪いのはだれ?

人種差別はどこから来た?

発展途上国は、どうしてまだ発展しないのか?

グローバル化は、よいこと?

グローカリゼーション

私たちは地球に何をしているのか?

参照：34-35, 62-63, 86-87

スーパーリッチ

現在の富豪は昔のお金持ちとはちがいます。世界には以前よりも多くの大富豪がいます。そこには「スーパーリッチ」と呼ばれる新しいタイプの富裕層もいます。その財産は数百万ドルどころか数十億ドルに達します。どのようにして、そんな途方もない金持ちになったのでしょう。

世界一の金持ちたち

2016年、アメリカには100万ドル以上の資産を保有する大富豪が445万8000人いるとされました。今日の世界では大富豪は以前ほど珍しくありません。慈善団体のオックスファムが2014年に発表した不平等についての報告によると、世界人口の1%を占める最も裕福な人たちの財産は合計100兆ドルに達しています。

「フォーブズ」誌によると、世界の大富豪には、アパレルチェーン「ザラ」のオーナーで個人資産670億ドルのスペイン人、アマンシオ・オルテガ、純資産600億ドルを超えるアメリカの投資家ウォーレン・バフェット、アメリカのスーパーマーケット・チェーン「ウォルマート」のオーナーで、純資産336億ドルのジム・ウォルトンらがいます。

オックスファムは、8人の個人が世界人口の半分の資産を所有していることを明らかにした。

額が巨大すぎて、ぴんとこないかもしれませんが、イギリスの宝くじの毎週の賞金額が約1400万ポンドなのに対し、イギリスで最も裕福なルーベン・ブラザーズの純資産が131億ポンドであることを想像してください。これは1万3100ポンドと14ポンドのちがいに相当します。

大富豪

スーパーリッチと呼ばれる全人口の1%の人びとが100兆ドル以上の資産を所有する。

スーパーリッチになる

スーパーリッチはどのように生まれるのでしょう。2014 年にフランスの経済学者トマ・ピケティは、こうした莫大な富は労働によるものではないと書きました。起業家がゼロから積み上げた資産ではなく、たいていは相続した財産なのです。アメリカのジム・ウォルトン一族も、前世代から富を受け継いだ例です。

富はいまやそれ自体
尊敬すべきものであり、
その持ち主に名誉を与える。

ソースティン・ヴェブレン
アメリカの経済学者、社会学者

例外は、テクノロジー分野の巨人です。フェイスブックのマーク・ザッカーバーグの純資産は 446 億ドルです。つまり、裕福な家庭に生まれるか、裕福な一族と結婚するか、またはテクノロジーの天才でないかぎり、スーパーリッチの世界に入るのは、どんなに控えめにいってもひじょうに困難です。

富が富をもたらす

イギリスの社会学者アンドリュー・セイヤーは『なぜ私たちには金持ちになるゆとりがないのか』(2014) でスーパーリッチの富の多くが株式の売却のような金融取引で得られたと指摘します。スーパーリッチの資産について議論する際には「稼いだ」といった動詞の使用をやめるべきときが来ている、なぜなら彼らの資産がふくれあがったのは生じた利子によるものであり、実際に行った仕事によるものではないからだ、とセイヤーは述べています。

フランスのロイック・ヴァカンも不平等を理解しようした社会学者です。ヴァカンは、先進技術立国の政府の多くが、超富裕層への減税策など、彼らに有利な政策をとっていると強調します。

全体的に見て、今日の富裕層はひじょうに少数派です。生活に苦労している圧倒的多数の一方に、社会の一部の超富裕層がいる。そのことに、いったいどんな利点があるかが問われるべきでしょう。

参照：96–97, 100–101

生活苦

ジャーナリストのバーバラ・エーレンライクは、1990 年代後半のアメリカの最低賃金労働の実態を覆面取材した『ニッケル・アンド・ダイムド』において、彼らの生活がきわめて不安定なその日暮らしで、働きづめなうえ、たいてい複数の仕事をもつと書く。このことが健康と家庭生活に深刻な影響を与えている。

過剰な富
スーパーリッチのライフスタイルは一般大衆からますます縁遠いものになりつつある。不平等は世界中へ拡大し、莫大な富がますます少数の人たちに集中するようになっている。

富と地位

社会的地位は、成功し、裕福になることでもたらされます。成功は、勤勉と才能に由来することもあれば、相続した財産や知名度によってもたらされることもあります。それでも地位は重要です。私たちの多くは地位の高い人の行動や着こなしを真似ようとします。

価格が上がれば上がるほど需要が高まるような贅沢品を「ヴェブレン財」という。

地位を得る

私たちの社会では、有名スポーツ選手や歌手や俳優のような人が富や地位をもっています。地位は、社会における立ち位置や名声とかかわり、これらはしばしば富と権力に根ざしているか、あるいは実績のようなほかの手段で得られる場合もあります。ほかにも首相、大統領、作家などは、とくに裕福ではないかもしれませんが、その業績と影響力が地位をもたらします。現代の有名スポーツ選手やタレントが社会に貢献しているかどうかには議論があります。娯楽とインスピレーションをもたらすという意見もあれば、貢献はほとんどないと言う人もいます。要するに、地位は成功によってもたらされるのです。社会に大きく役立つことをしたから地位が得られるわけではありません。

顕示的消費

19世紀後半、アメリカの社会学者ソースティン・ヴェブレンは、身のまわりに広がってきた新しい消費者社会について書きました。ヴェブレンは、人がどのようにして、自分が他人より裕福であることを示して注目を集めるために贅沢品などの商品を使うようになるのかに着目しました。

ヴェブレンは『有閑階級の理論』(1899)で、これを「顕示的消費」と名づけました。産業革命によって新たに誕生した実業家階級は、工場をつくって稼いだ金を自分の地位の誇示のために使いました。そして、同じことを下の社会階層の人びとも行っていることを、ヴェブレンは示しました。

> **人は、同胞からの評価と羨望を得ようとする。**
>
> ソースティン・ヴェブレン
> アメリカの経済学者、社会学者

1800年代の富裕層は、外国へ出かけたり、田園地方で長く過ごしたり、あるいはなるべく何もしないことで地位を誇示する傾向がありました。彼らは、働く必要のない「有閑階級」でした。一方、町で生活し働く新しい実業家階級には、土地を所有する紳士階級のように余暇を満喫する時間がなかったので、地位や富や力を示す別の方法を必要としました。そこで彼らは、実用的でも重要でもないけれど、自分たちの成功を象徴するのに役立つ贅沢品、とくに衣類にお金を費やしたのです。

重要なことは、こうしたプロセスが下の社会階級に及ぼしたインパクトの大きさです。ヴェブレンは実業家たちの行動が、人びとに影響を与えている点に注目しました。実業家たちより貧しく、成功しているわけではない人たちは実業家たちが買ったのと同じものを買おうとしました。同じ贅沢品を買って、裕福な人びとの真似をして地位を上げ、「これを見てください。私は社会の最上級の人たちと同じなんです!」と言おうとしたのです。

奉仕活動と地位

この点に注目したもう1人の社会学者がドイツのマックス・ウェーバーでした。ウェーバーもまた、社会で個人の地位を形成するためにはお金と力が重要であると認めます。しかし、ウェーバーは裕福でなくても高い社会的地位は得られると述べました。たとえば、牧師や僧侶のような宗教的指導者は収入は多くなくても、その自己を犠牲にし、他者に奉仕する活動によってコミュニティの尊敬を集めるのです。

スライドする地位

地位が逆に作用することもある。お金と力をもった人たちが、かならずしもそれにふさわしい社会的地位を得ているわけではない。2009年の金融危機と不況は、銀行家の社会的地位を失墜させた。銀行は信頼できる預金の管理人ではなく、貪欲な役立たずと見なされ非難された。

参照：100–101, 119

模倣者

社会階級が下の人たちは、裕福な成功者たちとまったく同じ商品を買うゆとりはないかもしれないが、その代わりに、彼らのスタイルを模倣しようとする。

貧困のわな

70億人を超える世界人口のうち、30億人が何らかの貧困レベルにあると推定されている。

貧困から自由な場所は、世界のどこにもありません。貧しい人びとの生活の改善策をもつ社会もあれば、そうでない社会もあります。しかし、たとえ裕福な国でも、年齢やジェンダー、職の少なさなどのために社会的な向上をはばまれ、貧困のわなに捕まる人たちもいます。

わなの中で

「貧困のわな」という表現は、理由のいかんにかかわらず、貧困から逃れられない状況を表します。どんなに世界が豊かになろうと、多くの人びとが苦しい生活を送っています。社会学は貧困に2つの指標を用います。「絶対的貧困」と「相対的貧困」です。

絶対的貧困

「絶対的貧困」とは、食べ物や衣服、屋根のある住居といった最低限の生活に必要なものを手に入れるのに苦労している状態です。これは一般的に低所得国や中所得国(発展途上国)、あるいは戦争、政治や環境問題や経済などの危機のために崩壊した社会と結びついています。世界銀行は絶対的貧困を「1日 1.9 ドル未満で生活している状態」と定義しています。この数値によるならば、2013 年の統計では、世界人口の 10.7%が絶対的貧困にあります。

相対的貧困

もう1つは「相対的貧困」です。これは、食べ物、衣服、住居といった生活の基本条件は満たされていても、その水準が社会で期待されているよりもかなり低い状態です。この場合、貧困の意味は社会によって異なります。高所得国(先進国)では、テレビや携帯電話といった消費財を買うことができても

相対的貧困と見なされることがあります。

態度を変えさせる？

貧困対策については多くの議論があります。アメリカの社会学者チャールズ・マレーは 1980 年代、貧困層の人びとの態度に注目しました。マレーの論では、貧困者は福祉の恩恵にあずかることを望み、仕事への意欲がないと見られています。この理論に従えば、貧困を食い止めるには、貧困者の考え方を変えて、仕事嫌いをやめさせる必要があることになります。アメリカの政治家ポール・ライアンは 2012 年にこの説を受けて、アメリカにおける公的給付の「セーフティネット」が貧困者の「ハンモック」になっていると述べました。そこでは貧困者はためらいなく時間を浪費し、貧困から脱するために何もしないといいます。

フィンランドの実験

2017 年、フィンランドで貧困問題解決のための 2 年間の試験プロジェクトが始まった。政府がランダムに選んだ 2000 人の失業者は、毎月 560 ユーロを支給される。支給金を受け取りながら働くこともでき、その場合も支給金はカットされない。このため低賃金の仕事であってもちがいが生じる。

打つ手なし？

それでも多くの評論家は、貧困の原因は社会の成り立ち方にあると考えています。つまり、本人の努力だけでは貧困から逃れられないのです。年齢や民族やジェンダーが就職の障害になることもあれば、社会の経済が全体的に低調なために仕事がないこともあります。職場における最近の傾向の1つは、生活水準の向上をもたらさない不安定な低賃金の仕事の増加です。社会学者は、貧困の悪循環を終わらせる方法について研究をつづけています。

ネットにひっかかる
人びとが貧困に陥るのを食い止めるために公的給付による「セーフティネット」を用意している国もある。このネットは怠けるための「ハンモック」、逃れられないトラップなど、さまざまな呼び方をされている。

貧困にあるとき、
人は持てる技能を
飢えを避けるために使う。
進歩のために使うことはできない。
ハンス・ロスリング　スウェーデンの医師・統計学者

参照：100–101, 104–105

悪いのはだれ?

貧しいのは、だれの責任なのでしょうか。責任はその人自身にあるのでしょうか、それとも責められるべきは社会なのでしょうか。社会学者にとって、これは大事な問題です。この問題は、個人の選択や社会の責任に関する考え方を問い直し、私たちが自分の人生を実際にはどのくらいコントロールできるかを考えさせてくれます。

知性と勤勉さでは出世するのに不十分。

構造と主体性

貧しい人がいるとき、その人の状況に対する責任はその人自身にあるのか、それとも社会にあるのか。社会学者はこれを「(社会)構造」と「(行為の)主体性」という点から考えます。構造は、生まれついた階級やジェンダーや生物学的性別や民族といった、個人でコントロールできない人生の側面です。一方、主体性は、人生上の決定を自分で選択する側面を表します。主体性という観点から見ると、人生における決断や能力や努力が、その人の生きる環境を形成することになります。1940年代、アメリカの社会学者のキングスレー・デイビスとウィルバート・ムーアは、人生における地位は、その人の能力(知性、勤勉な労働、技能)と選択の結果だと考えました。社会の特典(高賃金と社会的地位)は、それにもっともふさわしい人に分配されるというのです。

参照:36-37, 48-49, 94-95

金はいらない。ほしいのは変化だ。

バンクシー　イギリスのアーティスト

機会は平等?

しかし、大多数の社会学者は、個人によるコントロールを超えた社会構造こそが、それぞれの人の人生を左右していると考えています。主体性という考え方には、だれもが同じチャンスやリソースにアクセスできるという前提があり、だからこそ結果のちがいが個人の選択によるといえるわけです。しかし、現実には、チャンスとリソースへのアクセスは、人によって雲泥の差があります。社会構造のどこに位置しているかで、得られるチャンスは変わります。少数派、または不利な条件下に置かれた社会層の人びとは、出世のための取り組みを阻まれ、失望するのです。

学校選び

有名な多国籍企業の重役は、少数の一流校の出身であることが多い。これには、イギリスのオックスフォード大学やケンブリッジ大学、アメリカのハーバード大学、カリフォルニア大学バークレー校、スタンフォード大学、フランスのHEC経営大学院などがある。

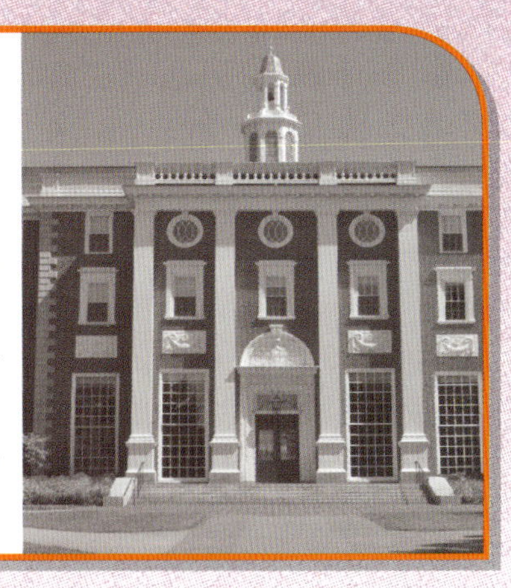

困難な出世
生まれついた社会階級から抜け出すことが可能かどうか、社会学者の意見は一致していない。勤勉さと才能があれば可能と考える者もいるが、多くはそうしたチャンスはめったにないと考える。

役に立つコネ

社会学の成果は、裕福な家庭に生まれれば、裕福になるチャンスが十分あることを示しています。たとえ学校の成績が悪くても、中流階級の人が労働者階級になることはめったにありません。

フランスの社会学者ピエール・ブルデューは、社会の不平等な状況こそが責められるべき要因の1つだと述べます。ブルデューは、彼のいう「社会関係資本」、つまり、よい仕事を得るのに役立つ人たちとの価値ある接触の重要性を強調しました。たとえば、学校の成績がよくない中流階級の学生がいたとしても、その両親の友人に企業の経営者がいれば、息子か娘の就職を助けてくれるかもしれません。しかし、社会階級が下になると、そういう役立つ社会関係資本は見つかりにくくなります。

アメリカの平均的な労働者の賃金は昔から増加していない。彼らの買い物額は1979年と変わらない。

より大きな問題

現代社会の多くの人々は、成功あるいは失敗を個人のせいにしがちです。その理由の1つは、そうすれば、失敗や成功をもたらすうえで社会が果たしている役割が隠されるからです。社会システムが個人に及ぼす不利益について考えるより、個人を責めるほうが簡単なのでしょう。

参照：124-125, 126-127

人種差別はどこから来た?

人種差別は、人間の歴史の中でもとりわけ血にまみれた野蛮な道をたどってきました。18 世紀ヨーロッパの植民地主義者が組織した奴隷労働によるプランテーションで生まれた人種差別の信念と思想は、いまなお社会に埋めこまれています。人種差別主義は時とともに変化しましたが、いまでも世界の多くの地域で少数派の生活に影響を及ぼしています。

人種差別を考える

アフリカ系アメリカ人として初めてハーバード大学の博士号をとった社会学者 W・E・B・デュボイスは 1897 年にこう書いています。黒人は「アメリカ人であり黒人であるという二重性、2つの魂、2つの考え、2つの調和することのない努力、1つの黒い体の中で戦っている2つの相容れない理念」を感じている、と。デュボイスは、どのようにして大西洋を越えて行われた奴隷売買が、現代の人種差別を生み出す中核になっているのかを研究しました。

国連は、
今日2100万人が
現代的な奴隷制度の
下で働いていると
見ている。

**社会はまだ
人種差別から
自由ではない。**

進歩
人種差別の束縛から完全に自由になるのだ。そうすれば社会は進歩し、より良い方向へと発展できる。

植民地の拡大

現代の人種差別の歴史的・社会的起源は、17、18 世紀のヨーロッパの植民地主義の拡大と資本主義の出現にあります。そのころ、多くのヨーロッパの国、とくにイギリス、スペイン、ポルトガル、フランスは帝国を拡大し、アフリカやアメリカのような遠く離れた地域に植民地をつくりました。植民地主義が拡大した理由の 1 つは、砂糖、タバコ、綿の収穫から得られる巨大な潜在的富でした。

しかし、領土拡張論者にとって、問題がひとつありました。換金作物用の広大なプランテーションには十分な数の労働者がいなかったのです。この労働力不足の解決策が奴隷制度でした。

人間という積み荷

人間を財産と見なす考え方は、数千年にわたって存在していました。奴隷制度は古代ローマとバビロニアではふつうに見られました。アフリカでも奴隷制度は古くから存在し、同国人を奴隷にしていました。しかし、産業と結びついた18世紀の奴隷売買は、それまでに知られているよりもはるかに大規模で、より残酷でした。1200万から1500万人というアフリカ人が強制的に船で大西洋を渡らされました。これは「三角貿易」と呼ばれるシステムの一部でした。船はラム酒や織物などの商品を積んでイギリスを出航し、西アフリカで奴隷商人と取引します。そこで奴隷を積み込んだ船はアメリカへ向かいます。奴隷は人権のない、たんなる商品として扱われ、到着次第売られます。船は、奴隷が働くプランテーションで収穫された綿、砂糖、タバコを積んでイギリスへ戻りました。

不平等の発明

奴隷商人は初め、アフリカ人はキリスト教徒でないから奴隷にしてもかまわない、という理屈で自分たちを正当化しました。しかし、多くの奴隷がキリスト教徒になると、さらに乱暴な正当化がなされるようになりました。黒いアフリカ人は白いヨーロッパ人より劣っているから、配慮や尊厳は必要ない、というのです。プランテーションから始まったこうした考えは、ヨーロッパに広がり、フランスの科学者アルテュール・ド・ゴビノーは1848年に人種の不平等を正当化する著作を発表します。

> **他人の自由を否定する者に、自由になる資格はない。**
>
> **アブラハム・リンカーン**
> **アメリカの大統領、1859年**

今日、白人の優越性という考えはほぼなくなりましたが、その代わりに、もっと微妙な差別があります。イギリスの社会学者ポール・ギルロイは、1980年代の研究で、現代の人種差別が生物学的条件でなく文化的条件によって表現される点に注目しました。ギルロイはまた、人種が人間を規定するという見方を根絶すべきだと考えています。

参照：104-105, 106-107

地下鉄道

19世紀のアメリカ南部のプランテーションでは、奴隷が自由になる唯一のチャンスは北部へ逃げることだった。この逃亡を手助けし、10万人を自由に導いたのが「地下鉄道」と呼ばれた秘密のネットワークだった。その「指導者」のひとりとして知られるのがハリエット・タブマン（右）だ。自身逃亡者であったタブマンは、多くの奴隷を自由に導いた。

発展途上国は、どうしてまだ発展しないのか?

西ヨーロッパやアメリカのような発達した経済に追いつけない国々があるのは、なぜでしょう。社会学者イマニュエル・ウォーラーステインは、そうした国々に成功する能力がないからではなく、成功を妨げるような世界システムがあるためだと考えています。

国連の持続可能な開発目標は、2030年までにだれもが適切な教育、健康、福祉、住居を持てること。

不平等なシステム

アメリカの社会学者イマニュエル・ウォーラーステインは『近代世界システム』(1974)において、世界は、搾取も含めて、国家同士の不平等な関係を創出するシステムから逃れられないと述べました。発展できない国は、国そのものに発展する力がないわけではなく、階級制度と同様に不平等な状況をつくり出す経済システムによって、発展を阻まれているのです。

この不平等関係の起源は、16世紀のヨーロッパの国々の植民地拡張主義にあります。以来、グローバル化に伴う不平等の拡大は、貧しい国々を犠牲にして、富裕な国々に利益をもたらしています。

システムを構成する3つのポジション

ウォーラーステインの理論では、世界の国々は3つのポジションに分けられます。最も強大な国は、彼のいう世界システムの「中核」を形成します。これはアメリカ、カナダ、日本のような、高度な技術をもった先

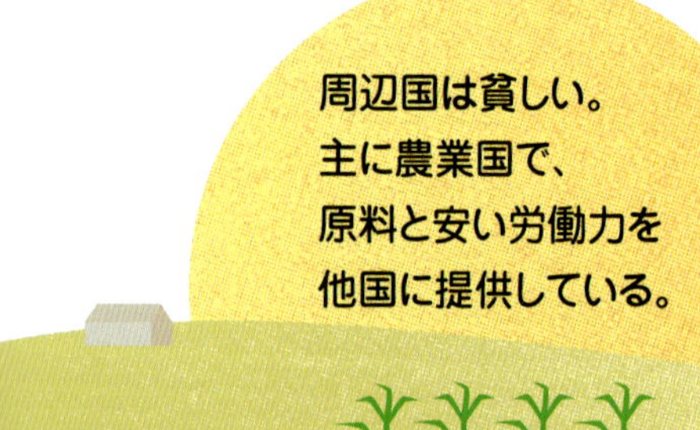

半周辺の国々は工業と開発を行う。半周辺国は中核から脱落しつつあるか、かつては周辺国だったかもしれない。

半周辺国

進国です。対照的に、貧しくて、政治的に不安定で、科学技術による産業がなく、安い労働力の供給元に甘んじることで収入を得ているのが「周辺」です。そして「中核」と「周辺」の間に位置するのが「半周辺」の国です。裕福ではないけれど、「周辺」国ほどの貧困はまぬがれ、「中核」国には及ばないものの、ある程度の力を行使できます。

固定しない状態

ウォーラーステインは、世界は動的であり、国のポジションもひんぱんに変化するといいます。アメリカは西ヨーロッパの国々と同じく明らかに中核をなします。21世紀への変わり目には、中国は周辺にありましたが、現在では半周辺にあり、中核へと移動しつつあります。ブラジル、ロシア、インドなどのほかの国々も、この20年の間に急速に発展しました。

イギリスの社会学者ローランド・ロバートソンは、ウォーラーステインの理論に批判を加えました。経済のみに注目すると、国の勢力についての理解は限られたものになるとロバートソンはいいます。文化的に影響を及ぼして、世界的な名声を得る国もあります。たとえば音楽文化で高い評価を得ている人口25万人のアイスランドのような国がそうです。

中国の台頭

イタリアのジョヴァンニ・アリギは著書『北京のアダム・スミス』（2007）で、中国の台頭とともに、アメリカは世界の中心的な役割から外れるだろうと述べた。中国がアメリカに代わるわけではなく、複数の優位な経済的、文化的、軍事的勢力が世界を創造することを意味する。

参照：102-103, 106-107, 108-111

世界システム

ウォーラーステインの世界システムによれば、それぞれの国は中核、半周辺、周辺という3つのポジションのどこかにあてはまる。

中核国は裕福である。科学技術産業に優れていて、投資のための多額の資本があるため、世界の中で支配的な位置にいる。

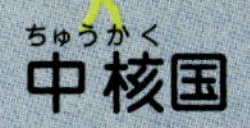

ボアベンチュラ・デ・ソウサ・サントス
1940-

ポルトガルの社会学者ボアベンチュラ・デ・ソウサ・サントスは、ポルトガルのコインブラ大学教授で、アメリカのウィスコンシン大学マディソン校の客員教授。民主主義、国際化、人権に関する仕事で知られています。とくに西洋社会が世界の社会的・政治的問題を支配する一方で、世界の最貧国を無視していることに批判的です。

スラムの人生

ソウサ・サントスはポルトガルのコインブラに生まれ、コインブラ大学で法律を学んだ。アメリカのイェール大学の大学院での研究中に、社会学に関心をもった。フィールドワークで訪れたブラジルのリオデジャネイロのスラム（ファーベラ）に数ヵ月住み、その間に極度な貧困地域における共同体の価値と経験に興味をもつようになった。

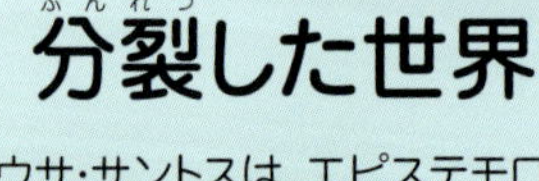

分裂した世界

ソウサ・サントスは、エピステモロジー（認識論。知識を意味するギリシア語のエピステーメーに由来する）に関する多くの著作と論文を書いた。彼によると、世界は政治と経済だけでなく、知識と思想によっても分けられるという。より裕福で発展している「グローバルノース」（地球の北側）は、より貧しい「グローバルサウス」（地球の南側）の見方や知識を大幅に無視してきたと主張する。

2001 年に、ソウサ・サントスは、世界の経済的・社会的正義を進める組織「世界社会フォーラム」を設立した。

「ある言語や文化において、
言えないこと、
または、はっきり言えないことは、
別の言語や文化の中では、
言えるかもしれない。
しかも、はっきりと。」

相互尊重

ソウサ・サントスの著作の多くは、グローバル化が社会的不平等や政府の腐敗や環境破壊につながったことについて書かれている。しかし、こうした問題が一般的である多くの国で、地元のコミュニティの考えや経験は見過ごされている。ソウサ・サントスは、グローバルな平等は、異なる知識を尊重し合う「認知の公平性」があるところでしか実現されないと考える。

知識のエコロジー

ソウサ・サントスは、グローバルな「知識のエコロジー」を広く説いてきた。「知識のエコロジー」とは、異なる国同士が地球的な問題に取り組むために知識と経験をシェアすることである。あまりにも長い間、西洋は自分たちの科学的知識がほかのすべての知識より優れていると考えてきたと彼はいう。知識のエコロジーを真に花開かせるには、すべての文化の見方や考え方が等価だと認める必要がある。

グローバル化は、よいこと?

グローバル化は、政治、経済、貿易、工業、文化、通信が世界中で相互接続するプロセスです。2、30 年前には、これほど急激にグローバル化が進行するとは、だれも予想できませんでした。社会学者は、グローバル化が私たちにとってどのような意味があるのか説明しようとしています。

制御不能

イギリスの社会学者アンソニー・ギデンズは、グローバル化を「暴走する巨大トラック」にたとえています。かつて、このトラックは企業というドライバーがコントロールしていました。しかし、いまやこのトラックは加速して勢いを増し、ドライバーのコントロールが利きません。行きすぎた工業化が、回復不能な環境破壊のような地球規模の危機につながらないよう、だれもが望んでいます。

資本主義はポジティブ?

社会学者イマニュエル・ウォーラーステインは、際限のない利潤の追求が世界規模の資本主義の拡大につながったと考えています。そこでは新しい市場の開拓と利益の追求だけが目的とされ、ビジネスがその地域にもたらすローカルな影響は想定されていません。

一方、アメリカの経済学者ミルトン・フリードマンはグローバル化をポジティブに見ています。国際的また国内的な資本主義に基づいた経済活動は、よりよい生活水準、富の公平な分配、物質的な快適さのレベルの向上を導くといいます。しかし、だれもが同意しているわけではありません。

多国籍企業の力

一本のジーンズをつくるための材料は10以上の国から集められる。

ポーランドの社会学者ジグムント・バウマンは、グローバル化は資本主義の拡大と同様、大部分の人たちの生活水準の向上にはつながらないと述べています。その代わりに、より大きな財政的不安定、より高い失業率や不健全な競争をもたらすといいます。こう

グローバル化のスピードが落ちる兆候はない。

> **グローバル化に反対することは、重力の法則に反対するようなものだ。**
>
> コフィ・アナン
> 国連事務総長（1997-2006）

した状況を促進しているのが、多国籍企業です。多国籍企業の力は、政府の力を徐々に侵蝕し、国の経済的・政治的な方向性のコントロールに影響を与えます。

フローの空間

インターネットに基づく技術のグローバル化に注目するスペインの社会学者マニュエル・カステルは、オンラインの世界を「フローの空間」と呼びます。そこでは人間と商品と情報が地球上をかけめぐり、つねにフロー（流動）しつづけています。たとえば、フェイスブックやブログ、出会い系サイトなどのソーシャルメディアから、旅行のオンライン予約、商品のオンライン購入、ネットバンキングなどです。

初めカステルは、フローの空間は裕福なエリートのためだけに機能していると見ていました。しかし、いまやインターネットは特権的ではない人たちにも開かれています。皮肉にも、これらの人たちはフローの空間を、とりわけ、グローバル化が世界の生態系に及ぼす有害な影響について認識を促す重要な場と見なしています。

参照：104-105, 110-111, 116-117

フェアトレード

フェアトレード運動は1960年代に、貧困地域の取引業者が労働者に公正な賃金を支払うよう促し、労働環境を向上させる目的で始まった。それまで発展途上国の商品や労働には適正な価格がつけてもらえないことが多かった。1980年代にメキシコで生産されたコーヒーに初めて「フェアトレード」のラベルがつけられた。

フルスピードで
グローバル化は、いかなる個人や国家にもコントロールできない。それは世界を再構築する巨大な力だが、その善し悪しについては社会学者の意見は分かれる。

グローカリゼーション

グローバル化は、研究者や政治家の話題にとどまらず、私たちみなに影響を及ぼします。一部の人たちは、グローバル化が国家の多様性の喪失につながることを恐れています。しかし、グローバルな価値とローカルな価値が混じり合って、「グローカリゼーション」という新しい文化がつくられると考える人たちもいます。

コネクションをつくる

グローバル化を理解する鍵は「接続性」にあります。イギリスの社会学者アンソニー・ギデンズによると、グローバル化とは異なる人びと同士や文化間の相互接続を増やすことです。インターネット、格安エアラ

グローバルに考えろ、
ローカルにふるまえ。

(出典不詳)

イン、より移動しやすくなったことなどを通して、人びとや国家の間の結びつきはより近くなり、それは概してよいことと見られています。しかし同時に、グローバル化が世界の多様性に及ぼす影響についての懸念も増大しています。

「文化帝国主義」

多くの人たちはグローバル化が、異なる文化間の考え方や価値観や生活様式のちがいを薄めていると考えています。グローバル化を「文化帝国主義」と見なすマルクス主義的な考え方をする社会学者もいます。この言葉は、西ヨーロッパや北アメリカの巨大な多国籍企業によって進められているプロセスを指します。多国籍企業は新しいマーケットにやってくると、西洋の資本主義モデルを持ち込みます。ロンドンにいようがニューヨークにいようが北京にいようが、同じブランドのソフトドリンクやスポーツシューズを目にするようになります。

香港につくられたアメリカの大きなテーマパークそっくりの施設には、中国の調和についての考え方が反映されている。

参照: 104–105, 108–109, 118

グローバルとローカルの出会い

イギリスの社会学者ローランド・ロバートソンは、圧倒的な帝国主義者の力がローカルな個性をつぶすという考えに疑問を呈しています。ロバートソンは、「グローカリゼーション」という用語で、多くの人びとがグローバリゼーションを「グローバル」な要素と「ローカル」な要素のミックスとして経験していることを示しました。グローバルな価値観や商品を地元のニーズや好みに合わせることで、そのマーケットに

合致(がっち)した新しい商品やサービスが生まれます。

アラブのハンバーガー・レストランでは、バンズよりもピタパンを使い、スパイスを加えたものが好まれます。西洋の大手かみそりメーカーは、水が乏(とぼ)しいアジアのマーケット向けの製品を開発しました。ある国でつくられたテレビドラマが、他国で、そこの暮らしにふさわしい俳優やセットを使ってリメイクされることもあります。こうしたグローカリゼーションはグローバルな文化にフィードバックをもたらします。ある商品がほかの文化に輸出されて、そこになじんで新しいものが生み出されていくのです。

世界市場

グローカリゼーションは有名なブランドものの商品にローカルなひねりを加える。

ローカルな問題を解きほぐす

ある家電メーカーは、インド市場向けに開発した新型かくはん装置を装備した洗濯機(せんたくき)を発売した。おかげでインドの女性は、長いサリーをからまることなく洗えるようになった。

サスキア・サッセン

1947-

オランダのヘイグに生まれたサスキア・サッセンはオランダ系アメリカ人の社会学者で、ニューヨークのコロンビア大学の社会学教授です。都市社会学の第一人者で、グローバル化、移民と社会の不平等についての著作で知られています。サッセンは、グローバル化が近代的な都市に暮らす人びとに与えた衝撃を研究した『グローバル・シティ――ニューヨーク・ロンドン・東京から世界を読む』（1991）で知られています。

世界を旅する人

第二次世界大戦中、サッセンの父は、ナチの宣伝担当員として働いていた。1948 年にナチの高官らとともに家族はアルゼンチンへ逃れた。ひんぱんに引っ越しをくり返す子ども時代を過ごし、アルゼンチンとイタリアで育ち、フランスとアメリカで学んだ。世界を旅した経験が、現代の都市と都市生活の問題についての研究へと結実した。

グローバル・シティ

サッセンの著書『グローバル・シティ』は、ニューヨーク、ロンドン、東京という都市がどのようにグローバル経済の中心になったのかを論じる。これらの都市は、その巨大な規模にもかかわらず、独自の文化的アイデンティティをもつ多くの異なる小さなエリアからなっている。サッセンの仕事は世界的な都市が、貧困や偏見や社会的な不正義に苦しむ多くの住民を抱えた地元のコミュニティに与える影響に注目する。

デモ行進

サッセンは「グローバル・ストリート」という用語を使う。これは移民や低賃金労働者のような貧しく不利な条件に置かれたコミュニティの住民が自分たちの声を聞かせることができるような公共の場を指す。サッセンは町の中心や公園のような慣れ親しんだ場所で抗議をしても、もはや影響力は失われ、効果的ではないと主張する。それよりも、自分たちの生活や労働の場である都市のストリートで抗議活動をするよう人びとに呼びかける。

「ストリートとは、社会や政治の新しい枠組みがつくられる空間だ」

お客と外国人

サッセンの著作では移民問題が多く取りあげられている。『お客と外国人』(1999)は、さまざまな移民集団が国によってどのように扱われているのかについての研究である。サッセンは移民への、より公正な扱いを主張する。彼らの多くは戦争や迫害によって故国を離れざるを得なくなった人たちだ。彼らは移民のコミュニティだけでなく、そのホスト社会にも利益をもたらす存在なのである。

世界中をわたり歩いてきたサッセンはスペイン語、イタリア語、フランス語、オランダ語、ドイツ語を話しながら育った。しかもロシア語と日本語も学んだ。

私たちは地球に何をしているのか?

気候変動のような環境問題は科学者にまかせておけばいい、と考えるのは簡単です。でも、産業界には責任はないのでしょうか? じつは、私たちの「買っては捨てる」というライフスタイルが地球環境に大きな影響を及ぼしています。直接的・間接的に、一般の人びとが地球環境の変化を引き起こしているのです。

廃棄物の処理

ごみ箱を空にすれば廃棄物処理が終わるわけではない。廃棄物の運搬も必要だし、リサイクルできない廃棄物については、環境汚染の一因となる焼却や埋め立ても必要となる。

環境破壊なしに、私たちの社会は存在しない。

マーガレット・ミード
アメリカの人類学者

温暖化する世界

1960 年代から環境保護主義者や科学者は、人間の活動が地球の温暖化に直接関与していると警告していました。彼らは、化石燃料の燃焼や車の排ガスに含まれる二酸化炭素のような、工業化に伴う温室効果ガスの濃度の上昇が、地球温暖化の主な原因だといいます。近代の工業の成長と拡大による地球環境への影響は年々飛躍的に増大しています。

使い捨て社会

イギリスの社会学者のアンソニー・ギデンズは、多くの人びとが気候変動を世界レベルで起きている出来事と見なし、自分たちではコントロールできないと考えている、といいます。しかしギデンズ自身は、対照的に、環境問題が私たちの日常的なライフスタイルと密接にかかわっていると主張します。

『気候変動の政治学』(2009) で、ギデンズは消費主義の影響に注目します。資本主義社会における私たちの生活は物資とサービスの消費からなっています。ほとんどの商品はパッキングされて届き、「消費」されればそれらは捨てられます。平均的な家庭は、年間で 6 本の木に相当する紙を捨てています。天然資源が有限であるという事実は、大量生産品の消費によって成り立っている資本主義社会の持続性を徐々に根本からむしばんでいます。

変化のための取り組み

イギリスの環境社会学者フィリップ・サットンは、多くの人びとが自分たちの消費習慣に批判の目を向けるようになり、その習慣を変えるための取り組みをしているといいます。その1つが地元産の食品を買うことです。これなら大量生産にたよらず、輸送によって生じる温室効果ガスの排出も減ります。地方自治体やコミュニティも、カーシェアリング、市民農園の運営、コミュニティで行う清掃、リサイクル計画などの環境対策に尽力しています。

毎年、800万トンのプラスチックが海に廃棄されている。

環境差別

東南アジアやインドのような貧困地域の人びとは、海水面の上昇や干ばつや洪水などの最悪の被害を受けています。発展途上国は、先進国の大量消費社会の需要に影響を受けます。

木材や商品作物のための熱帯雨林の伐採は、地元の人びとの生活を破壊します。ブラジルの熱帯雨林のかなりの領域は、ヨーロッパ向けの肉牛の放牧のために失われました。社会学者は、このような環境変化の影響の偏在を「環境差別」と呼びます。

私たちが世界の一方ですることは反対側の世界に影響を及ぼしかねません。世界的に協力することでしか、環境変化のスピードを効果的に遅くすることはできません。産業界にも重い責任がありますが、一般の人たちの行動もまた重要です。

参照：116–117, 118–119

この世界を廃棄したら、もう新しい世界は買えない。

環境負荷の小さな暮らし方

エコハウスは地球への環境負荷を弱める。再生されたクリーンな素材と再生可能な太陽エネルギーを使い、環境への負荷を低減する。しかし、イギリス在住の学者ジェニー・ピクリルは、私たちがいつでもお湯が出るような暮らし方を期待しなくなるまで、エコハウスのような家は将来のモデルにはならないという。

アンソニー・ギデンズ

1938-

アンソニー・ギデンズはイギリスの著名な社会学者です。心理学、経済学、言語学、人類学や政治学を含む広範なテーマの著作を35 冊以上書きました。ギデンズは個人と、宗教や社会階級といった社会構造の関係を探った構造化の理論で知られています。また人間のアイデンティティやグローバル化、気候変動についての見方でも定評があります。

熱心なサッカー・ファンのギデンズは、ロンドン・スクール・オブ・エコノミクスでは「現代イギリスにおけるスポーツと社会」という論文を書いた。

口数の多い人

ギデンズはロンドンの北部で生まれ育った。社会学と心理学をハル大学で学び、ロンドン・スクール・オブ・エコノミクスとケンブリッジ大学に進学。のちにロンドン大学の社会学教授になる。何百という著作や論文を書くだけでなく、ポリティ・プレスという学術出版社を共同設立した。1990 年代にはイギリスのトニー・ブレア首相のアドバイザーを務めた。

自己アイデンティティ

1990 年に発表された『近代とはいかなる時代か?』でギデンズは、人びとがどのように自身のアイデンティティを得るかについて論じた。伝統社会では、アイデンティティを形成するのは主に宗教か社会階級だった。こうした社会制度の影響力が弱くなるにつれて、人びとは自身のアイデンティティの意味を自分で考えなくてはならなくなった。ギデンズは自己アイデンティティが「再帰的」プロセスになったと主張する。人は絶えず、自分がだれか、何が自分を規定するのか、考えつづけなくてはならなくなったという。

第三の道

近年、ギデンズはグローバルな政治の世界で重要な役割を演じた。『第三の道――効率と公正の新たな同盟』（1998）でギデンズは、より公正な社会を創造するための新しい政治的モデルについてのアイディアを述べた。そこで彼（かれ）は、伝統的な左派と右派という分け方ではなく、成長と富の創造をもたらし、より公正な社会正義と機会均等を確実にする政治システムである「第三の道」について論じている。

「将来について、
現在と同じような
リアリティを感じるのは
困難である」

地球温暖化

『気候変動の政治学』（2009）で、ギデンズは気候変動を無視する危険を警告している。地球温暖化の影響（えいきょう）は、日常生活の中ではすぐにわからないため、人びとは行動を起こしたがらないとギデンズはいう。それでも、大洪水（こうずい）、海水面の上昇（じょうしょう）、気温の上昇のような環境（かんきょう）の激変をただ傍観（ぼうかん）しているだけでは、何か起きたときには遅（おそ）すぎる。このジレンマは「ギデンズのパラドクス」と呼ばれている。

実生活の中の 富と発展

グローバル商品

世界で初めてアメリカ国外にできたマクドナルドの店舗は、1967 年、カナダのブリティッシュ・コロンビアでオープンした。マクドナルドの店舗は、現在 119 カ国にある。コカ・コーラの販売地域はさらに広く、北朝鮮とキューバ以外ではどこでも買うことができる。もっともキューバにも密輸されている。

植民地主義の遺産

世界の不平等の多くは、イギリス、フランス、スペイン、ポルトガルやオランダといったヨーロッパの国々の植民地主義政策にまでその起源を遡ることができる。17、18 世紀には、貿易商人は外国の商品や奴隷を求めて、アフリカ、南アメリカ、カリブ海へ航海をした。ヨーロッパ人は、これらの国々を植民地化して、その資源を搾取した。

格安航空会社

海外に旅行する人びとの数は、1980 年代後期の格安航空会社の出現によって増大した。飛行機の便の増大によって空の交通環境には大きな影響が及んだが、以前なら飛行機に乗る余裕のなかった人たちでも空の旅が可能になった。

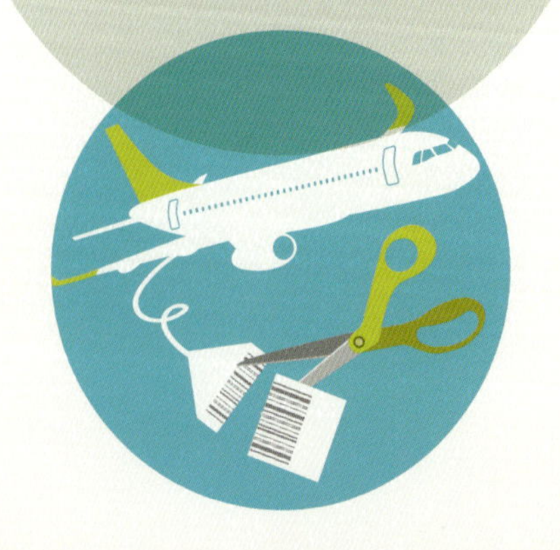

スローフード運動

1986 年のイタリアのピエモンテ州で創立されたスローフード運動は、グローバル化が進んでもローカルな食文化が消えないようにするための世界的組織による取り組みである。その目的は、食の伝統と地元料理の維持にある。

セレブの文化

イギリスの社会学者クリス・ロジェクは『セレブリティ』(2001)で有名人文化の影響について論じた。ロジェクは、現代の有名人の多義的な立ち位置を分析している。有名人は多くの人にお手本にされるモデルを提供する一方、現代文化の中心には富と社会的な力をめぐる巨大な格差があるという事実を際立たせている。

酸性雨

ドイツの社会学者ウルリッヒ・ベックは、環境汚染の危険性を分析している。西ヨーロッパと北アメリカのような工業先進国からの汚染は世界中に影響を与えている。一国の大気汚染が原因で引き起こされる酸性雨は、数千キロメートル離れた湖と沼地に損害を与えている。

社会学者は、不平等がなぜ、どのようにして社会に存在するのかを理解しようとします。19 世紀から 20 世紀初めにかけて、社会学者は主に社会階級間の不平等について研究してきました。最近では、国家間の経済力や政治力のちがいや、グローバル化の影響について分析しています。

フェアトレード

ロンドンで 1992 年に創立されたフェアトレード財団は、消費者が海外の生産者にとって公正な価格で商品とサービスを購入することを推進する。フェアトレードでは、コーヒーやココアの生産者は商品に対して公正な対価を受け取る。これによって貧困を減らし、持続可能性を促進し、農民を公正に扱うことが可能になる。

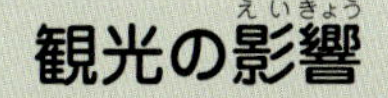

観光の影響

ケニアのような国では、観光旅行は不可欠な収入源である。1990 年代にはケニアのアンボセリ国立公園では 1 つのゾウの群れが年間 61 万ドル(48 万 7000 ユーロ)の観光収入をもたらしていることがわかった。しかし、増加する観光客は生態系やインフラと伝統文化に有害な影響をもたらしている。

現代の文化

現代の世界は目まぐるしく動き、アイディアやニュースは世界中からもたらされます。その情報はあまりに多様で膨大なため、理解が追いつかないこともあります。何がニュースになり、だれが情報をコントロールしているのか。それは社会学者の大きな研究テーマです。

我買う、ゆえに我あり?

文化とは何か?

余暇

私たちは不確かな時間を生きている

マスメディアはあなたに影響を及ぼしているか?

だれがメディアを所有しているか?

だれが、何をニュースであると決めるのか?

あなたは、どこからニュースを得ているか?

インターネットは、あなたに何をしているか?

あなたはオンラインで生きているか?

我買う、ゆえに我あり?

現代の社会では、私たちのアイデンティティ──自分自身をどう見ているか、また、他人が自分をどう見ているか──は、私たちが買ったり使ったりする商品によってほぼつくられています。かつて消費者の選択が限られていたときには、家庭やコミュニティや暮らしている土地から、自分が何者かという自覚を得ていました。

参照：14–15, 22–23

アイデンティティの構築

自分はだれか。他人にどのように見られたいのか。それを理解するために、私たちは多くの時間とエネルギーを使っています。アイデンティティは私たちにとって重要な関心事であり、人間であるために欠かせない要素でもあります。しかし、自己イメージについての強い関心は20世紀以来の消費主義と直接的にかかわる近代的な現象です。今日の消費社会では、人はアイデンティティの構築のためにますます積極的に活動するようになっています。

かつてはアイデンティティは生まれた家庭や、コミュニティの中の自分の位置によって決まりました。つまり、アイデンティティは自分のコントロールの範囲外にありました。農民の子どもは農民になり、医者の子どもが医者になるのが一般的でした。出身地も自分がだれかを裏づける確信をもたらしてくれました。宗教もまた、人が自己イメージやふるまい方を形づくるうえで大きな影響がありました。宗教は道徳的価値、考え方、態度のよりどころでした。つまり、過去の伝統社会においてはアイデンティティはほぼ決定されていたのです。対照的に現代社会ではアイデンティティと個性は自分自身でつくらなくてはなりません。そして、それは主に購入する商品やサービスの選択によって行われます。

統計によると
若者は
気晴らしのために
買い物をする。

スタイルの主張

私たちは特定の商品やサービスや生活のスタイルを買って、利用し、消費するように迫る情報と広告にさらされています。イギリスの社会学者リチャード・ジェンキンスは、広告産業の役割は商品とサービスに象徴的な価値を付与することにあると述べます。つまり、特定の商品を手に入れることによって、「洗練」や「流行」や

自分を発見する

イギリスの社会学者コリン・キャンベルは『買い物の経験』(1997)で、買い物とは、商品を手に入れる行為であると同時に、自分自身を深く理解することにつながると指摘する。商品をより分け、選択し、最終的に購入する商品を決めることは、自己アイデンティティの明晰な感覚をもたらす助けになる。

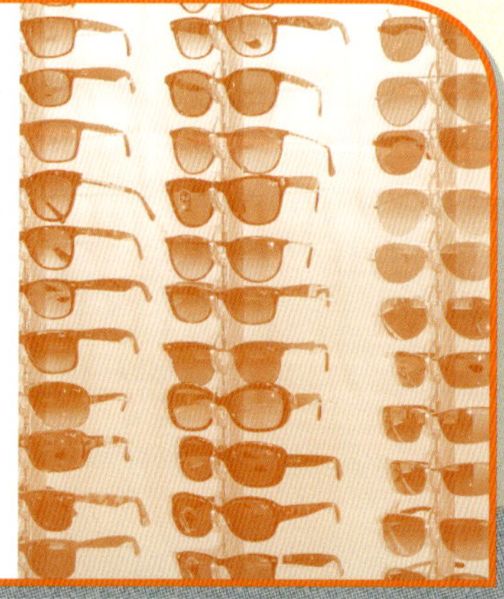

「リッチ」といった社会的に望ましい価値が得られるのです。たとえばあるブランドのトレーナーを選ぶことは、たんなる個人的な好みにとどまらず、その人の内面の表現となるのです。トレーナーは自分が「見る目がある」「クールである」「マニアック」であることの表現であり、それを他人がどうとらえるかは関係ありません。

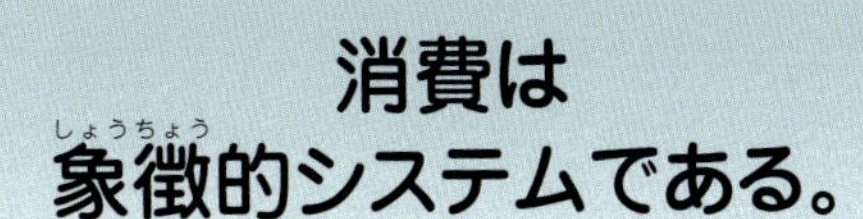
消費は
象徴的システムである。

ダニエル・ミラー　イギリスの人類学者

ロゴ
ラベルが
本当に
語っていることは
何か?

自分自身の表現

デザイナージーンズからブランドチェーンのカプチーノまで私たちが購入するものは、すべて自分の内面について何かを語っている。

アイデンティティのための買い物

21 世紀には、買い物が私たちの生活に占める割合はますます大きくなっています。イギリスの人類学者ダニエル・ミラーによると、多くの人が何を買うかはさておいて、買い物そのものを楽しんでいます。衣類や食べ物を買う行為そのものが、アイデンティティを形成する機会だからです。最近では、万歩計のような運動量のモニター機器が示す数値も、一部の消費者にとって自己イメージ形成のうえで重要な役割を果たしています。買い物のために大通りを歩いているときも、私たちは他者とアイデンティティのやりとりを行っているのです。環境被害をもたらす大量消費に反対する人たちもいますが、ミラーたちは、消費主義が、過去にはなかった形でアイデンティティの創造を可能にしている点に注目しています。

参照：14–15, 96–97, 124–125, 132–133, 146

文化とは何か？

ヒップホップかオペラか？　読書かサッカーか？　思想、活動、アート、ふるまい方など、人が漠然と文化としてとらえている行為は、一般的には個人的な趣味の問題と見なされています。私たちは自分が自由に選択し、自分がだれであるかを表現しているつもりです。しかし、私たちの好き嫌いは巧妙な社会的影響の結果です。

ハリー・ポッターの
全7巻のシリーズは
世界中で68の言語に訳され
4000億部が売れた。

「ハビトゥス」とは

フランスの社会学者ピエール・ブルデューは、文化がどのようにして人の心や身体をつくりあげるかを考えました。ブルデューは特定の社会階級のライフスタイルや文化的傾向を表す「ハビトゥス」という用語を考案しました。特定の集団に生まれた人はその集団のハビトゥスに吸収されます。集団のメンバーによって意図的にそう仕向けられる部分もあります。たとえば、両親や友人は自分たちのスポーツや音楽の趣味を共有しようとしがちです。しかし、ほとんどの場合は無意識のうちにハビトゥスに吸収されていきます。ハビトゥスが私たちの考え方や行動の仕方を、当人がほとんど気づかぬうちに決めるというのが、ブルデューの中心的な考え方です。ブルデューによれば、ハビトゥスは個人にとって「第二の天性」です。私たちが特定のスタイルや行動を好み、そうでないものを嫌うのは自然なことに思われます。

参照：14–15, 34–35, 56–57

文化的雑食性

1992 年にアメリカの社会学者リチャード・ピーターソンは、階級に基づく文化のちがいが曖昧になることを「文化的雑食性」と呼んだ。かつては「上流階級」の文化と考えられていたアートや演劇、「下層階級」のものと見なされていたサッカーのような活動も、いまでは社会集団のタイプにかかわらず、みなが等しく楽しんでいる。

選択

テレビ番組は
どれもゴミだ。

ロックシンガー
には良い音楽が
わからない。

人があるものをほかのものよりも好むとき（フォークロックよりもソウル、ピザよりアボカドを好むなど）、私たちは文化的傾向が自分が何者であるかを示していると考えます。しかし、ブルデューによると、これは大まちがいです。私たちは自分の好みに応じてライフスタイルや消費財をつねに積極的に選択しています。ブルデューは、これらの選択は、私たちの価値観を形成している社会的影響や文化的パターンの表れであると述べます。選択の基準は、自分自身が個人的に獲得した嗜好によるものではなく、自分が属している集団のハビトゥスによって決まるというのです。

階級と文化

ブルデューはフランス人の文化的傾向や好みを広い範囲で横断的に調べました。統計的方法、インタビュー、実地調査によって幅広くデー

集団インプット
私たちは成長する中で、自分の暮らす社会集団から無意識に多くの文化的な考え方を吸収する。この早期のインプットが将来の趣味や好みの形成に影響する。

本は退屈だ。
男がバレエをやって何が悪い。
なんでもやりなさい、自分が何が好きなんてわからないのだから。
有機食品は高いけれど、価格なりの価値がある。
モダンアートは立ち止まって考えさせてくれる。
オペラは上流階級のためのものだ。
その考えは、どこから来たのか？

タを集め、個人の文化的傾向や好みが階級に強く影響されていることを明らかにしたのです。これをブルデューは「ディスタンクシオン」（差異化）という理論にまとめました。全体的に見て、中流階級の上部層のハビトゥスをもった人びとは、クラシック音楽、バレエ、アートなどを好む文化的傾向がありました。同時にこのグループはロック・コンサートやサッカーの試合といったタイプの文化に強い嫌悪感を示しました。対照的に下層階級のハビトゥスをもった人びとは、バレエやオペラを嫌い、パブでのつきあいや映画鑑賞を好みました。

予測可能な好み

ブルデューの研究は、文化的な好みがほぼ予測可能なことを示しています。ディスタンクシオンの研究は、私たちの個人的な趣味がアイデンティティの表現ではなく、社会階層の表現であることを明らかにしました。ブルデューは特定の文化的傾向の優位性や洗練性を主張しているわけではありません。ブルデューは自己の最も個人的表現と思われている文化的な好みが、じつは階級やジェンダーや民族的出自のような要素ですでに決定されている事実を示そうとしたのです。そして、たいていの場合、私たちはそれらの影響に気づいていないのです。

私の仕事のポイントは、文化と教育が、たんなる楽しみや小さな影響にとどまらないと示すことにある。
ピエール・ブルデュー　フランスの社会学者

参照：126-127, 128-129

ピエール・ブルデュー
1930-2002

フランスの社会学者ピエール・ブルデューは、社会学に関心を抱く前は、哲学者としてその学問的キャリアを始めました。芸術の歴史、教育、文芸批評を含む広範囲にわたるテーマについて30冊以上の本と300以上の論文を書いています。最も有名な著作『ディスタンクシオン』（1979）では現代社会における社会階級の役割を探究しました。社会的不平等を厳しく批判したブルデューは、熱心な社会的・政治的活動家でもありました。

ハシゴを登る

ブルデューは、フランスの田舎の労働者階級の家に生まれた。郵便局員だった父は、ブルデューに学校で一生懸命勉強するようにいった。優秀な学生だったブルデューはパリの高等師範学校で哲学を学ぶ。ブルデューは自分が恵まれた環境に育った同僚たちとは大きく異なる質素な育ち方をしたことに気づいていた。この認識が、社会的平等と正義に対する生涯にわたる関心を育んだ。

所属の感覚

ブルデューの最も有名な考え方が「ハビトゥス」である。彼はこの言葉を特定の社会集団や階級への「所属の感覚」の表現として用いた。同じ社会階級に属する人は幼いころから似たような人生観を育てていく。家族や友人と類似した話し方やふるまい方を身につけ、同じような種類の興味や価値観を共有する傾向がある。

資本利得

ブルデューは、各人の「ハビトゥス」は異なる量の「資本」からなると主張した。たとえば「経済資本」はお金と富を、「文化資本」は言葉や教育やマナー、または音楽や美術の嗜好を含む。「社会関係資本」は、友人や仲間などの人的ネットワークを表す。ブルデューは、人がもつ資本の総量が、その人の人生における成功を決めると考えた。

アルジェリア大学で教鞭をとっていたとき、ブルデューはカビリア地方の人たちの調査を行った。その成果は最初の著作『アルジェリアの社会学』(1958)に結実した。

「文化的なニーズは生い立ちと教育の所産である」

フィールドに入る

ブルデューによれば、社会的な不平等が存在するのは、社会集団ごとにもっている資本の総量が異なるためだという。社会はビジネス、法律、教育のような「フィールド」に分けられ、それぞれが独自のルールをもつとブルデューは考えた。特定のフィールドに入るためには、異なるタイプの資本を必要とする。富や学位、社会関係のような資本をもっていれば、一定のフィールドに入るのが、より容易になるとブルデューはいう。

余暇

休暇はよいものだが、自分は十分にとれていない。多くの人はそう感じているでしょう。しかし、過去の世代には想像がつかないほど私たちには多くの自由な時間があり、巨大レジャー産業がそれを埋める手伝いをしています。余暇を過ごすためにどんな活動を選ぶかは、健康、アイデンティティの感覚、さらに仕事のキャリアにまで影響を及ぼします。

もっと休暇を

「余暇」についての考え方は20世紀に劇的に変化しました。かつては「レジャークラス」といえば「上流階級」もしくは富裕層を意味しました。彼らはお金はたくさんあるが、することはあまりない人たちです。過去の世代のほとんどの人にとって、余暇とは何よりも働かないことでした。それは擦り切れるような日々の疲れを回復し、よりくつろいだ家族を中心とした活動に集中するために使われる時間でした。

20世紀の終わりごろから、法的・政治的な改革によって労働時間が短縮されました。過剰労働が健康に及ぼす影響についての理解が深まり、いまや私たちは休暇がだれにとっても必要だと理解しています。私たちは十分に休暇をとっていないように思えるかもしれませんが、100年前の労働者に比べればはるかに多くの自由になる時間をもっています。

余暇の文化

社会学者のクリス・ロジェクによると、現代社会のユニークな特徴は余暇の活動をめぐる産業の幅広い発展にあります。余暇はホテル、映画館、航空会社などに多くの雇用を生み出すとと

今日の高度に商業化された世界では、レジャー活動への参加を望む、あるいはそのゆとりがあるなら、アクティビティは24時間利用可能である。
休憩時間とは
何もしないことを
意味する
わけではない。

参照：18-19, 22-23, 60-61, 96-97

イギリスでは
レジャー産業は
11億5000万ポンドの
経済効果を生み出し
ている。

もに商品やサービスの消費を促進(そくしん)します。海外で休暇を過ごしたり、テーマパークへ出かけたり、劇場へ行ったりすることは、商業的なレジャー産業の成長に伴(ともな)う娯楽(ごらく)の例です。そこで生み出される金額の規模は、2、30年前の労働者には想像もつかないでしょう。

ポジティブ効果、それとも ネガティブ効果？

余暇の楽しみ方は、賃金格差同様、男女でちがいがあります。女性は男性より休暇が少ない傾向(けいこう)にあります。これは多くの男性がフルタイムで働いているので、より多くの休暇をとるからかもしれません。

今日、私たちの休暇の過ごし方は雇用者の利益の増大と結びついています。たとえば、体を鍛(きた)えたり、チームスポーツに参加したりすることは、健康を維持(いじ)し、集団の一員として働く能力を高めるのに役立つと考えられています。そのため、被雇用者にとっては職場へのアピールポイントにもなります。反対に、余暇を極端(きょくたん)なまでに社交に費(つい)やしたり、あるいは何もしないことは無気力、あるいはイニシアティブの欠如(けつじょ)としてネガティブに受け取られかねません。私たちが余暇をどう過ごすかは、仕事や職業的な役割に劣(おと)らず、自分のアイデンティティの表現だとますます見なされつつあるのです。

活動の選択(せんたく)
余暇(よか)にどんな活動をするかという選択には、私たちのアイデンティティが反映される。肉体的・精神的に過酷(かこく)な活動は、ときに新しい、より強固なアイデンティティを創造する。

いちばんいい知能テストは余暇(よか)の過ごし方を知ることだ。

カナダの教育学者
ローレンス・J・ピーター

参照：133, 146

新しいスポーツ、新しいアイデンティティ

ニュージーランドの社会学者ホリー・ソープは2011年の研究で、男性のスポーツと見られていたスノーボードの世界に女性が受け入れられるようになるにつれて、女性の自分に対する感じ方も変化し始めたと指摘(しし)する。それが人生のほかの領域、とくに仕事における自信や情熱につながっているという。

押し流される
目まぐるしく動く「液状化した」現代生活は、川の流れに巻きこまれて、自分たちでコントロールできない力に運ばれていくようなものである。

現代の生活はピッチが速く、不確かで、絶え間ない変化の中にあります。それは「液状化する」時間と呼ばれています。私たちは、この流れを、刺激的で、しばしば圧倒されながら経験しているのかもしれません。物と人が信念や価値観とともに世界中を移動し、異なるものをまとめあげて新しい状況や経験をつくりあげていきます。

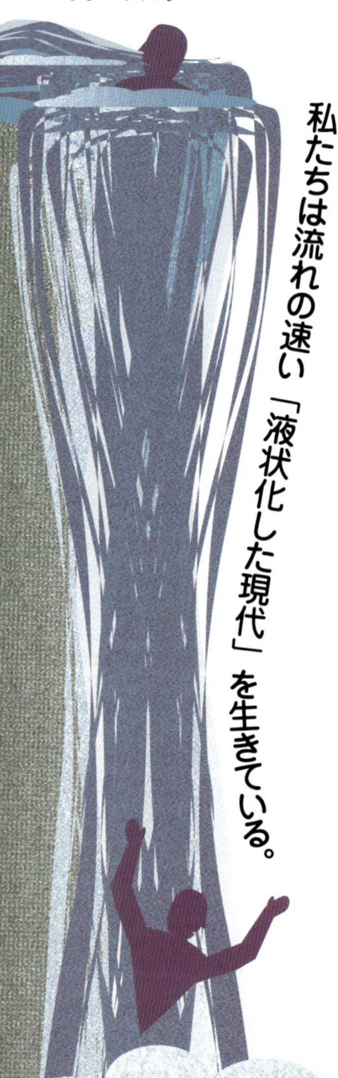

私たちは流れの速い「液状化した現代」を生きている。

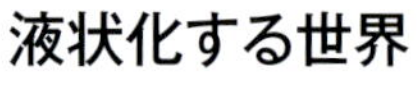

液状化する世界

ポーランドの社会学者ジグムント・バウマンは、せわしない世界での私たちの生活を「液状化する」時間に生きるようだと表現しました。この液状化した世界では人や物や文化的信条は昔よりも自由に世界中を往来し、新しい考え方や経験を生み出します。スーパーマーケットでは一年中、世界各地のエキゾチックな食材が手に入ります。イギリスの病院で行われる膝の手術に用いられるのはドイツ製の外科用器具で、つきそうのはポーランドの看護師で、施術するのはドバイの外科医だったりします。私たちは多くの見知らぬ人たちとかかわり、世話になっていますが、彼らを信用するという選択肢しかないのです。それは恐ろしいが、わくわくすることでもあるとバウマンは見ています。

ある調査によると、
アメリカ国民は
海外で仕事を探そうとする
傾向がもっとも低い。

硬い大地の上で

バウマンは第二次世界大戦の終わりから1990年代までを「重い現代」と呼びます。この時期、社会生活は予測可能で秩序だったものでした。人は生まれた土地で育ち、暮らし、引退するまで同じ仕事をつづけるのがふつうでした。アイデンティティは仕事や出身階級、属しているコミュニティや国家に根ざしていました。人間関係も長くつづきました。結婚率は高く、離婚率は低く、友人関係はコミュニティと結びついていました。

流動と結合

バウマンはインターネットと、多国籍企業

私たちは不確かな時間を

(P.108 参照)と低価格の航空旅行の発展が、重い現代から液状化する現代への転換をもたらした経済的・政治的な力だと考えています。

固定化されていた堅固なものは、すべて変わりやすく流動的なものになりました。人は世界中で動き回り、新しいよりよい生活を求めて国境を越えていきます。環境災害と戦争は、人を自分が生まれた場所から遠く離れた場所へ連れていき、人生の再編を余儀なくします。

> **液状化した生活には恒久的な境界は存在しない。**
> **ジグムント・バウマン**
> **ポーランドの社会学者**

金銭的ゆとりがあれば、世界中から品物を買い、好みの外見や性格をつくりあげることも可能です。異なる文化のファッションやライフスタイルが出会い、混じり合って、新しい複合的なファッションや文化的な流行が生まれます。人間関係はより簡単に築かれ、より流動的になります。世界中の人びとが直接あるいはバーチャルな空間で出会い、動いたり知り合ったりする前に、オンライン・コミュニティやネットワークの一部になります。

変化と不安

グローバル世界の社会的・経済的変化のスピードは、人びとに強い恐れと不安を及ぼしている。政府統計によると1980年のアメリカでは、不安と結びついた精神疾患に苦しむのは国民の4%だったが、2016年にはそれがほぼ半数になった。心の状態が急速な社会の変化に関係していることがわかる。

あまりに速い動き

バウマンは液状化する社会のテンポは刺激的ではありますが、ほとんどの人には落ち着かないだろうと考えています。国を越えて活動する裕福なエリート以外の人にとって、液状化した生活は目まぐるしすぎます。エリートたちは世界中を旅行する人のように、液状化する生活が提供するチャンスを最大限に活用することができます。対照的に大多数の人は社会的・政治的・経済的な変化のスピードに圧倒され、不安を感じています。

参照:108-109, 110-111, 132-133

生きている

ジグムント・バウマン
1925-2017

ポーランドのユダヤ人家族のもとに生まれたジグムント・バウマンは20世紀の最も影響力のある社会学者の1人とされています。1968年にポーランドから亡命し、イスラエルへ行きます。1971年にはイギリスに移住し、リーズ大学の社会学教授になりました。消費主義、グローバル化、不確実な現代社会のあり方など、広範囲のテーマについて50冊以上の本を発表しました。

迫害と亡命

バウマンは、ポーランド西部のポズナンの貧しい家族に生まれた。ナチスがポーランドに侵攻した1939年、家族とともにソビエト連邦へ逃亡。第二次世界大戦中にはポーランド連隊とともにナチスと戦った。1968年に、ポーランド共産党は数千人のユダヤの知識人を追放し、バウマンはふたたび故国を追われた。最終的にイギリスに避難したバウマンは、そこで生涯にわたって研究生活をつづけた。

ホロコースト

議論を呼んだ著書『近代とホロコースト』（1989）で、バウマンはホロコースト（ナチスによるユダヤ人の大量虐殺）がどのようにして可能になったかを分析した。バウマンはユダヤ人や、その他の人びとの大量虐殺は、ドイツだけに起きた極端な残虐行為の例ではないと主張する。バウマンによると、ホロコーストを可能にしたのは現代社会の合理的で組織化された性質である。

バウマンは、第二次世界大戦中の勇敢な行為によってポーランド軍十字勲章を授与された。のちにポーランド軍の最も若い少佐の1人になった。

液状化する社会

1990 年代に、バウマンは「液状化する社会（リキッド・モダニティ）」という理論を発展させた。これは「液状化し」絶えず変化するという現代社会の性質のせいで、人は不安の中に取り残されているという見方だ（P.130 参照）。バウマンによると、現代の社会は 19 世紀の工業化された「固定化した社会」から遠ざかってしまった。それは比較的安定し、予想可能な時代であったが、いまや私たちは絶えざる不確実性の時代に生きていて、リスクのレベルも上昇している。

「自分が獲得したものや、常に身のまわりに置いているものによって自分の価値が決まるなら、そこを追われるのは屈辱である」

私たちは、私たちが買うものからできている

バウマンは、「液状化する」社会が個人のアイデンティティに及ぼす影響に関心を寄せた。1970 年代まで、人は仕事で自身のアイデンティティを定義づける傾向があった。しかしこの考え方はもはや現実的ではない。バウマンは現代社会の個人のアイデンティティは、消費主義と結びついていると述べた。自分が買った商品や、自分を取り囲んでいる商品が、自身のアイデンティティを規定しているのである。

マスメディアはあなたに影響を及ぼしているか？

ニュースの解釈
ニュースを見るとき、私たちは自分の年齢や民族やジェンダーなどのさまざまな要素に基づいて報道を解釈する。

「マスメディア」とは私たちにニュースと情報を提供する企業や組織で、社会の中で影響力のある役割を担っています。しかし、メディアが伝えることは本当に重要なのでしょうか？

メディアは偏っているか？

メディアは視聴者に意見ではなく事実を伝えていると主張します。しかし、メディアが伝えていることはどのくらい客観的なのでしょうか？　私たちはナチスがドイツ人に届ける情報の流れをコントロールするためにメディアを使ったことを知っています。そこでは当局に都合の悪い情報は歪められました。戦時下の世界では、メディアが真実ではなく、偏向した独自の見方を伝える恐れがあります。

ヤングアダルトは最高で週27時間をオンラインに費やす。大人は仕事中のインターネットの使用も含めて20時間を費やしている。

メディアは唯一の声？

今日のデジタル世界では、世界中で起きている出来事を伝えるニュースは、私たちがどこにいようと、スマートフォンやコンピューター、テレビ、新聞を通じて届きます。しかし、社会学者は「メディア」を、だれに対しても公平に話しかける唯一の権力的な存在と見ることには慎重な分析が必要だといいます。実際、メディアは複数の通信社や放送局からなり、それらは互いに視聴率を争っています。メディア組織は、評価を上げるために、さまざまなニュースを、幅広い層の人びとに受け入れられるようにスタイルや政治的な視点や伝え方を工夫して取りあげます。

受動的視聴者？

メディアの効果を理解しようとするとき、社会学者は視聴者が「受動的」だという見方に疑問を呈します。むしろ、視聴者はニュースを解釈するうえで積極的な役割を果たしていると考えます。メディアのニュースを受け取るのは1つの大きな集団ではなく、さまざまな「視聴者」だと社会学者は見ています。これらの視聴者は、民族性や社会階級、年齢やジェンダーごとに異なります。異なるニュースは、異なる視聴者によって、さまざまな解釈や「読み方」をされます。

社会学者のハーバート・ガンスは『ニュースを決定する』（1979）において、アメリカのメディアの有力人物たちが、視聴者には2種類あると考えていることを示しました。1つは教養のある裕福なエリート、もう1つは十分な教養のない受動的な多数派です。しかしガンスは、社会的背景にかかわりなく、視聴者は自分が受け取るニュースに批判的な距離をとっているといいます。メディアの報道が視聴者の見方を決定しているのではなく、視聴者自身が積極的に、自分が受け取る意味の構築にかかわっているというのです。ガンスはジェンダーや民族的な出自によって政治的な出来事に関する報道の解釈が異なるといいます。アメリカの黒人は、しばしば主に白人の編集者やプロデューサーのつくったストーリーに批判的です。視聴者の年齢によってもニュースの解釈は異なります。年配の視聴者は社会的・政治的に影響があると感じられる問題には懸念を抱きがちです。

> **視聴者は**
> **いらだつことによって**
> **ニュースに関与し、**
> **受動的でなくなる。**
>
> **ルーベン・フランク**
> **NBC ニュースの制作者**

ガンスの研究は、メディアが視聴者全員の考え方に影響を与えられるという見方を否定する強い証拠を示しています。

参照：136–137, 138–139, 140–141, 146–147

メロドラマ

社会学者アラン・ルビンによると、アメリカのメロドラマの主な視聴者は女性である。彼女たちにとってそれは、ただの暇つぶしではなく、そこで取りあげられる道徳的な問題が友人や仲間との議論のテーマになる。批判的にメロドラマを見ることによって、視聴者は自分の道徳的な見解をふり返るのだ。

だれがメディアを所有しているか?

私たちは毎朝起きると、ラジオやテレビ、あるいは新聞やスマートフォンでニュースに接します。メディア企業は、私たちにニュースや情報を伝えてくれる重要な役割を果たしています。しかし、それらの企業を所有しているのはだれなのでしょうか？　そのことは私たちが受け取るニュースに影響を及ぼしているでしょうか?

マードック・ファミリーは、オーストラリア、イギリスの新聞ならびに多くのテレビチャンネルを所有している。

メディアの影響力

アメリカの言語学者ノーム・チョムスキーは、メディアを所有する権力をもった個人や企業は大衆に影響を与えるためにメディアを使うと述べています。チョムスキーは統計データや公開されている情報から、アメリカのメディアは、きわめて裕福で権力のある少数派に集中的に握られていることを示しました。およそ2万5000社にのぼるアメリカの大手および独立系のニュース配信社の中で、とくに大きな資金力をもつのは29社。その中には世の中に流れるニュースの半分以上を生み出すいくつかの巨大メディア企業が含まれています。

報道と利害

チョムスキーは、メディア企業が、ビジネス界や制度およびマスメディアの中で共有されている信念や価値を強化し、これらの組織のつながりや文化に批判的であることを避けようとしていると指摘します。メディア組織は利益を求める株主が所有する

営利企業です。財政的に続かないことをしていてはビジネスになりません。このため報道内容には「フィルター」がかけられるとチョムスキーはいいます。

第1のフィルターは広告です。広告費はメディアの報道の仕方やその内容に強い影響を与えます。そのメディアに多額の広告費を支払っている企業についてネガティブなメッセージを発するような報道は利害の衝突を招きます。

第2のフィルターはニュースの出どころです。政治的なニュースはたいてい官僚が発表するプレスリリースをもとにしています。政府の方針に対して否定的な報道をするメディア企業は、今後は記者会見から排除されかねません。

第3のフィルターは恐れです。ジャーナリストは個人や組織の背景の事情をあばき出し、人びとに疑いの目を向けさせます。企業や政府はこれを脅しと感じるかもしれません。チョムスキーは、権力のあるメディア組織は、自分たちの強力な地位を批判する者はだれでも見つけ出して吊るし上げるぞという恐怖を流布させるのに積極的だといいます。

メディア支配
世界中に放送局や出版局のある巨大なメディア企業はほんのわずかである。

参照：48–49, 134–135, 138–139, 140–141

市民ジャーナリスト

新しいメディアの幅広い活用はメディア組織の権力への対抗手段になります。市民ジャーナリストや一般人が提供する携帯機器によるレポートはプロのニュース報道ほど品質が高くなく、信頼できないとされています。その反面、このような新しいスタイルの報道は、強力なメディアこそ唯一の有効な情報源であるという見方を問い直します。

メディアとは
独占企業である。

ノーム・チョムスキー
アメリカの言語学者

だれが、何をニュースであ

1日の間にほとんどの人たちは、新聞やテレビやモバイルアプリなどを通じて少なくとも1つの情報源にアクセスします。しかし、ニュースと見なされているものは何なのか。さまざまな社会的な要素からどのようにニュースの内容がつくられるのか。それは社会学者にとって長年にわたるテーマです。

ニュース・マシン

1. 事件が起きる
「ニュース」のもとになる事件はつねに起きているが、私たちが接するニュースはジャーナリスト、編集者、メディアのオーナーが選んだものに限られる。

2. ニュースを伝える
起きた事件はジャーナリストによって形を与えられる。その伝え方は、ジャーナリストおよび視聴者や読者の年齢、階級、ジェンダー、宗教、民族性のような社会的・文化的な要因に影響される。

3. 外的要因
メディア企業の規模、あるいは取材経費のような「構造的」要素も、送信される記事の選択に影響を及ぼす。

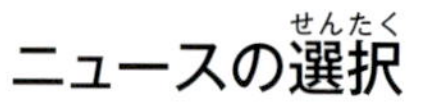

ニュースの選択

テレビのニュース番組に取りあげられる話、ウェブサイトに掲載される記事、新聞で特集される記事などは、すべて選択のプロセスの産物です。どのような内容が含まれているか、見出しは何か、特定の情報が落とされているか、あるいは含まれているかは、ニュースの関係者や組織の利害関係、そして幅広い社会的なプロセスによって決定されます。

アメリカの社会学者リチャード・ピーターソンは、ニュースは公平でも客観的でもなく、ニュース記事の内容は社会的に構築されると述べています。ニュースが「現実」あるいは「真実」を含んでいないわけではありません。どのような記事も、それを伝える人の階級や民族性、年齢やジェンダーのような社会的要因の影響を受けます。これらの要因が、まわりの世界への解釈を決めるのです。

印刷された新聞を定期購読している人は25億人を超える。

ニュースの番人

アメリカの社会学者のマイケル・シュッドソンは、メディアが提示するニュースと情報はつねに、さまざまな「選択的プロセス」の結果であるといいます。ジャ

ると決めるのか？

ーナリスト、カメラオペレーター、編集者、メディア企業のオーナーのようなメディアの「番人」たちが、単独、または組織の一員として、ニュースの決定にかかわります。彼(かれ)らが行う決定には、特定の日にどの行事に参加するか、どのようにそれを取材するか、最後の編集プロセスで何をカットするかといったことを含みます。

ほかの圧力

構造的要因もまたニュースの内容を決める要素です。そこにはニュースの番人を操る経済的・組織的制約が含まれています。

とくに重要なのは経済的制約です。たとえば、外国に取材チームを送る経費は小さな独立系組織にとっては大きな制約です。「放映時間」の長さや割り当てられた新聞紙面のスペースも要因の1つです。

グラスゴー大学の社会学者たちからなるグラスゴー・メディア・グループの研究によると、テレビのニュース編集

ニュースとはだれかがどこかでもみ消したいと思っているものである。それ以外はすべて広告である。

ノースクリフ卿(きょう)　20世紀前半のイギリスの新聞経営者

者は、音声やライブ映像を含むニュースを使いたがるので、そうした要素を含む報道が多くなる傾向(けいこう)があります。編集者は、視聴(しちょう)者がニュースの当事者から直接得た情報が含まれたニュースに真実味を感じると知っているからです。

メディア会社の組織構造は、ニュースの内容に直接的に影響します。独立系メディア会社のように社員が少なければ、ニュース生産にかかわるのも少人数です。よくも悪くも、今はニュース記事にはジャーナリストの考え方の偏(かたよ)りが否応(いやおう)なく反映されているのです。

参照：134-135,136-137,140-141,142-143

4. ニュース報道
最終的なニュースはいくつかのプロセスの所産である。そのプロセスすべてが、私たちがニュースの中で読んだり見たりするものを形づくる。

ニュースは新たにつくられる

リヒターらによる研究『メディア・エリート』（1986）は、現実が社会的に構築されるというピーターソンの見方を裏づける。ニュースは世界の事実についての報告ではない。報告されることを待っている「レディーメイドな」現実は存在しない。ニュースとは報告と世論から日々新たにつくられる製品だと考えるべきなのである。

あなたは、どこから ニュースを得ているか?

世界中で起きていることも、あなたの地元で起きていることも、スマートフォンやタブレットがあれば、すぐさま知ることができます。それに比べて、テレビのニュースや新聞はスピードは遅いものの、より信頼できるといえます。

「ニュース」とは何か?

「ニュース」と呼ばれているものは、あなたがだれであるかによって変化します。若者にとっては、ソーシャルメディアを騒がせているものなら何でもニュースになるかもしれません。企業のオーナーであれば、ニュースとは株式市況と為替相場を意味するかもしれません。

フェイスブックのユーザーは世界中で17億人と見積もられている。

19 世紀以前の大多数の人にとって、ニュースとは地元の出来事についての情報を指すのがふつうでした。ニュースは、たいていあるコミュニティのメンバーから別のコミュニティのメンバーへと口伝えに伝えられたり、町の広報係が村の市場でふれまわるゴシップの形をとっていました。17 世紀後半の新聞の発明によって国内のニュースを知ることができるようにはなりましたが、新聞は読み書きのできる裕福な少数派のためだけのものでした。

1950 年代から 60 年代までには、ニュースは主にラジオ、のちにはテレビというい ずれにしても贅沢品によって伝えられました。1970 年代まで、ラジオとテレビは北アメリカと西ヨーロッパの家庭が外の世界について知るための主要な情報源でした。

参照:136-137, 138-139

ニュースが多いのは、よいニュース?

デジタルコミュニケーションの爆発的発展と 20 世紀終わりのインターネットの普及によって、手に入る情報の総量は増大し、消費者はいまや自分の生活にかかわりのあるニュースを探し、見つけることができます。スペイン出身の社会学者マニュエル・カステルは、世界で最も経済的・技術的に進んだ国々は「情報化時代」に入っているといいます。これはより多くの活動が消費財の大量

ニュースは、以前にはありえなかった

生産のためではなく、情報の生産と消費をめぐって行われる時代を意味します。

速ければ速いほどいい?

インターネット・ベースのテクノロジーの発展によって、ニュースの生産・配信・消費のペースは、以前よりはるかに速くなっています。しかし、これらのニュースの信頼性には疑問があります。情報発信元のすべての組織や個人が、幅広い視点で事実を細かくチェックすることに時間をさいているわけではありません。

知識の進歩と普及こそが、真の自由の唯一の番人である。

ジェームズ・マディソン
アメリカ合衆国大統領(1809-1817)

以前にも増して人びとは、膨大な量と種類のニュースへの対応と整理に追われています。インターネットに接続できれば、何時であろうが、地球のどこからでもニュースにアクセスできます。スマートフォンのような携帯できる「ニューメディア」はより安価でコンパクトになり、テレビと新聞に代わって日常生活にすっかり入りこんでいます。

アメリカの社会学者マシュー・ハインドマンは、技術の発展はニュースを、より「民主的」にしたといいます。年齢層や社会的背景にかかわらず、だれでもニュースにアクセスできるようになったからです。一方で、ニューメディアのもたらす脅威を恐れる人たちもいます。インターネット上の情報にはあまり規制がないので、アクセスは容易であっても、信頼できる情報の識別は困難です。

参照:142-143, 144-145

メディアへの愛着

イギリスの社会学者マイケル・ブルは、その著書『サウンドムーヴ――ipodの文化と都市の経験』(2007)において、ニューメディア機器が人びとの日常生活の中に深く入りこみ、これらの機器なしで外出すると感情的・心理的にストレスを感じかねないと分析している。

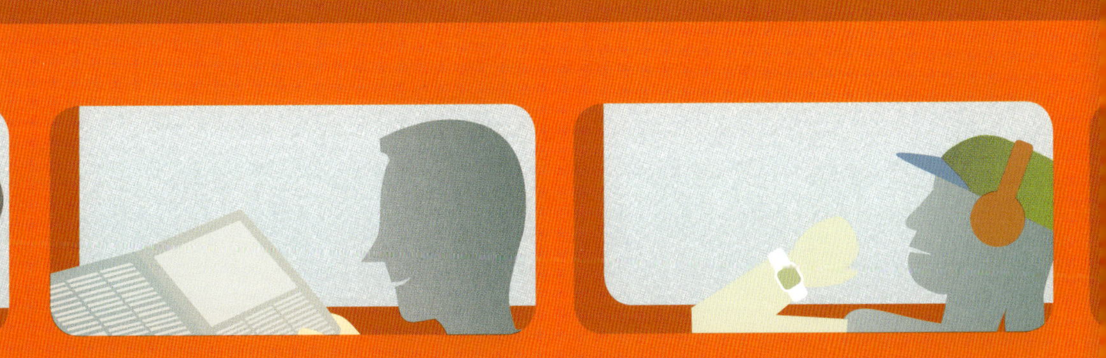

ほど迅速かつ手軽に手に入る。

スマートフォンやタブレットのようなニューメディア機器を用いて、より多くの人たちがニュースにアクセスする。とはいえ、情報の速度とボリュームに圧倒されかねない。

インターネットは、あなたに何をしているか？

インターネットは、世界を変えました。私たちはいつでも、どこでも、ほぼだれとでもつながることができます。インターネットはまた、巨大な情報源として使うこともできます。しかし、インターネットは本当に私たちを結びつけてくれているでしょうか、それとも、それによって孤立している人もいるのでしょうか？　そしてオンラインで見聞きしたものを私たちは信頼してよいでしょうか？

中国は
ネット依存を障害と認め、
特別な治療キャンプを
開いた最初の国である。

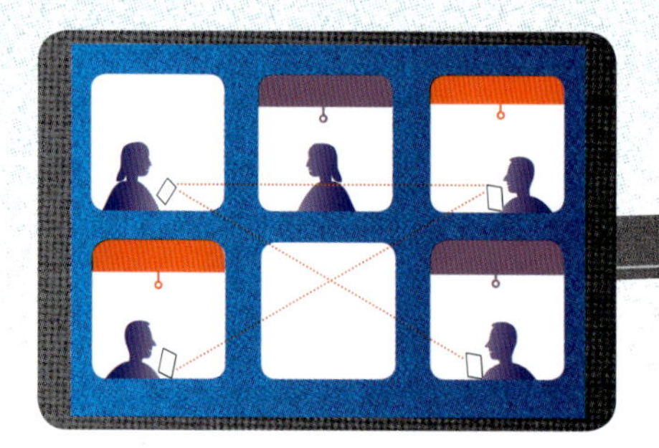
結びつく

ネットワーク社会

「私たちは情報化時代に入った」。これは、スペイン出身の社会学者マニュエル・カステルが『ネットワーク社会の発展』（1996）で述べた言葉です。この新しい時代の背景にある中心的な力はインターネットです。1970 年代から 1980 年代ごろまで、発展した社会は消費財とサービスという工業に由来する生産物に支えられていました。しかし、それ以降はデジタル情報、つまり品物でないものが、カステルのいう「ネットワーク社会」の中心になってきました。

社会的・民族的な背景にかかわらず、インターネットは、いつ、どこにいようと、だれでも好きな人とつながることができる仮想空間を提供します。オンラインにアクセスできれば、デジタル機器を通じて社会的障壁、時間、国境を越えることが可能なのです。

アクティブに情報収集

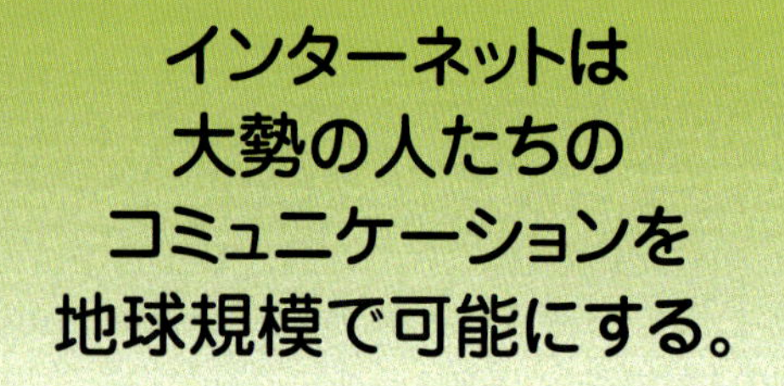
**インターネットは
大勢の人たちの
コミュニケーションを
地球規模で可能にする。**

マニュエル・カステル　スペイン出身の社会学者

旅行しながら

新しいアイデンティティと自由

社会学者のデボラ・ラプトンは、インターネットが社会的結束と集団的アイデンティティを促すと考えています。ラプトンは、とくに仮想コミュニティの発展に注目しています。これはコンピューターゲームをするために定期的につながるオンライン・ゲーマーや、圧力団体や活動家のグループ、自助グループ、人間関係を築くためのチャット・サイトなどを指します。

ラプトンは、匿名性の強いインターネットの世界では実生活では言えないことでも表現できることに注目します。これはとくにLGBT（レスビアン、ゲイ、バイセクシャル、トランスジェンダー）や少数民族のような社会的周縁に追いやられているアイデンティティをもつ人たちにあてはまります。

インターネットの不安

インターネットは新しい自由とともに、新しい不安ももたらします。

社会学者のロイ・チャーカリスによると、

子どもたちがオンラインで過ごす時間の長さが両親の不安を増しているといいます。もう1つのよくある不安は、インターネットが人を現実の世界から連れ出して孤立させるというものです。アメリカの社会学者ポール・ディマジオの研究によると、インターネットを使う人は、友だちに電話したり訪問したりする頻度が高いことがわかりました。つまり、ネットのヘビーユーザーは孤立していると感じていて、現実の人間とのつきあいを切望しているのです。ディマジオの研究はまた、インターネットを頻繁に使う人は、本や雑誌などの印刷された情報をより熱心に求めていることをも示しています。これらの重要な発見は、インターネットが人の認識と行動の形成に思いがけない役割を果たしていることを伝えているのです。

連絡を絶やさない

特別な瞬間の共有

つながる
いつ、どこでも、インターネットは私たちの社会的・文化的生活の一部となりうる。

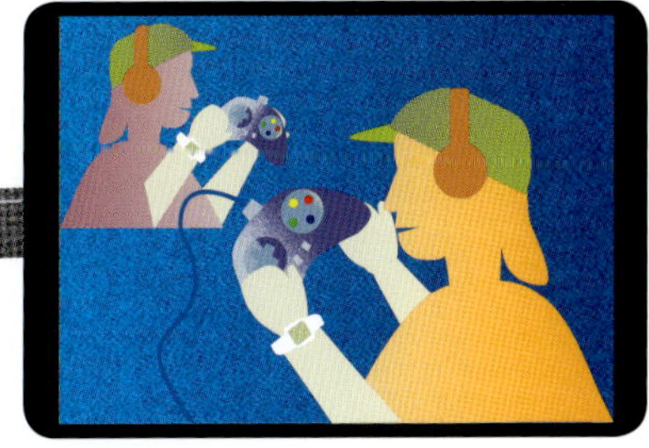

気の合う人とつながる

あなたはオンラインで生きているか？

60万人以上のフェイスブックのアカウントが毎日ハッキングされている。

若い人たちの多くが、実際に顔を合わせるよりも、オンラインのほうがコミュニケーションをとりやすいと感じています。ネットを介したやり取りが、実生活での人間関係を発展させるステップになることもあります。しかし、世界に広がる仮想社会の一部になることには危険な点もあります。

アイデンティティの創造

多くの若者は、友だちや家族とコミュニケーションするために、フェイスブックやインスタグラム、ツイッターなどの上に、オンラインのアイデンティティをつくり出します。オンライン・ネットワークに自分の居場所を見いだすことは、現実社会で人とつきあうための準備と考えることができます。

オンラインの居場所

オンラインでは公私の境界が曖昧になります。若者がインターネットに投稿するものは、自分の社会

インターネットは、教育と有意義な社会参加のための、たいへん有効なステップになりうる。

ノーム・チョムスキー　アメリカの言語学者

的評判を高めるために意図的に創りあげた自分自身の分身といえるかもしれません。オンラインで目立つことは仲間のグループやSNSに適応したいと思っている人にとっては必須です。「フォロワー」からの承認は、脆弱な自尊心に対する大きな後押しにもなりえます。一方でつねにオンライン状態を維持しなくてはならないというプレッシャーは強まっています。インターネットアクセスを奪われたり、チャットグループから故意に閉め出されたりする「デジタル排除」は、若者に大きなダメージを与えかねません。

仮想世界のリスク

イギリスの社会学者ソーニャ・リビングストンは、インターネットを通して子どもたちが見たり学んだりすることを両親が規制するのは困難だといいます。だれでもアクセス可能なサイトの多くを、親はコントロールできません。子どもが、ふとした拍子に不適切なサイトにアクセスしてしまうこともありえます。

もう1つの危険は、オンライン・プロフィールの背後のその人の本当の姿を知ることができない点です。インターネットのチャットルームやコンピューターゲームのコミュニティは、社会経験の浅い、とくに若い少女との「友情」を深めることを期待している肉食系の人たちの巣窟です。そこではバーチャルから始まった関係が、リアルな危険に変貌しかねません。

若者たちは「釣り」やネットいじめなどのオンライン上のわなの最大の犠牲者でもあります。ネット空間では中傷的なコメント、侮辱、ときには脅し文句によるいやがらせやいじめが行われています。多くの若者にとって、インターネットは社会の仕組みについて学ぶための不可欠な道具です。しかし、仮想世界は現実世界とはちがいます。そこで出会う人たちが、期待したような人たちであるとはかぎらないのです。

親のためのスパイウェア

子どものソーシャルメディアでの活動を親がフォローするためのアプリが開発されている。オンラインに投稿されたメッセージや写真を合法的に「ハッキング」したり、現実の世界で子どもの行動を追うことができたりするアプリもある。このようなスパイウェアが悪人に利用されかねない懸念も増している。

参照：56–57, 142–143

注意！ 自分が本当はだれと話しているかわかってる?

公開されるプライバシー
仮想アイデンティティをつくると、公私の区別が曖昧になる。ネット上の情報は、だれもが共有できることを忘れないように。

実生活の中の 文化とメディア

消費社会

1960年代に「消費社会」という言葉が広く使われはじめた。今は以前よりも安く、大量に商品を生産することが可能になり、より多くの人たちが商品を買えるようになった。消費財とサービスという新しいジャンルへの人びとの欲望を高めるために広告産業が興った。

文化産業

フランクフルト学派（1930年代のドイツの社会学者のグループ）におけるような初期のメディア社会学者は、現代のメディアを「文化産業」の基礎と考えていた。20世紀初めの文化を形成したのは、メディア組織がその力を駆使して報じたニュースであったと社会学者は考えた。

メディアはメッセージ

カナダの社会学者マーシャル・マクルーハンは1964年に、「メディアはメッセージである」と述べた。彼は、社会学者はコミュニケーションの内容ではなく、媒体に注目すべきだと主張した。とくに注目したのはテレビだった。テレビは視聴者からの働きかけはほとんど必要とせずに、複数の感覚的刺激を提供する。

最初のインターネット

相互に通信可能な最初のコンピューター・ネットワークは1969年に始動したアーパネットである。アーパネットは、世界規模のオンライン接続のために必要なテクノロジーを開発するためのプロジェクトで、アメリカの4つの大学が共同で行ったコンピューター科学者のプロジェクトだった。これがインターネットの始まりだった。

時とともに社会は変化し、文化もまた変化します。技術革新が起きると、社会関係や文化活動にも変化がもたらされます。現代社会を形成している大きな技術的・文化的発展は、テレビとインターネットの2つです。

フェイクニュース

フェイクニュースという言葉は2016年に大衆文化の仲間入りをした。フェイクニュースは、ニュースのように見えるけれど、じつは大衆の意見や態度に影響を与えるためにつくられた偽りの情報や報告を含んでいる。インターネット・ユーザーは匿名性を保ったまま、さまざまなニセ情報を簡単につくっては広めることができる。

新聞の没落

インターネットの普及は、新聞にマイナスの影響を与えた。この10年、新聞社は、オンライン・ニュースのウェブサイトやアプリのもつ即時性とユーザーフレンドリーなインターフェースとの競争に苦労してきた。とくにアメリカでは、閉鎖したり、破産宣告をしたり、厳しいコスト削減に苦心したりする新聞社の数が増えている。

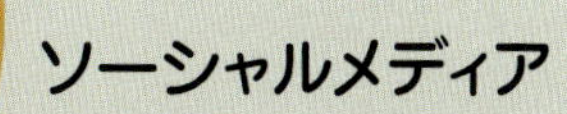

ソーシャルメディア

インターネットベースのソーシャルメディアの人気の高まりは、現代文化ならではの特徴である。2004年にハーバード大学のマーク・ザッカーバーグは友人たちと、キャンパスの一室でコンピューター上にフェイスブックを立ち上げた。今日、フェイスブックのユーザーは世界中で約17億人いるといわれている。

ソーシャルネットワーク

ソーシャルネットワークは、西洋の現代文化の重要な部分だ。中国でも2009年に始まったウェイボー（Weibo）というソーシャルメディアが高い人気を呼んでいる。しかし、ウェイボーは政府によって厳しくチェックされているため、議論を呼びかねないニュースの投稿よりも、ジョークのシェアに使われている。

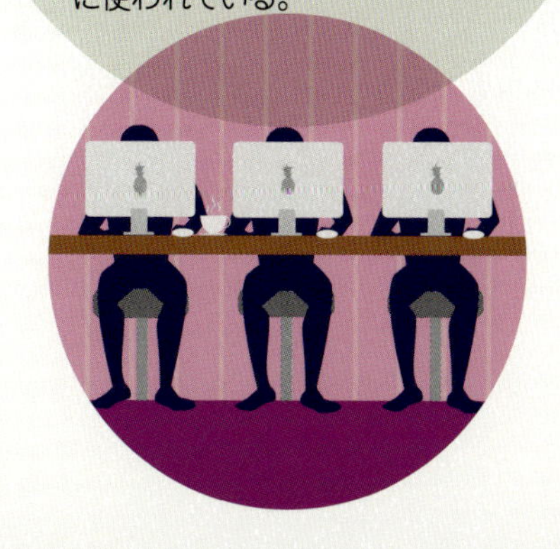

社会学者人名録

ジェフリー・アレクサンダー（1947－）
イェール大学を本拠地とするアメリカの社会学者ジェフリー・アレクサンダーは、同大学文化社会学センターの共同ディレクター。アレクサンダーは、人の考えや行動を形成するうえで、社会階級よりも文化的思想と価値が重要であると考える。

イライジャ・アンダーソン（1943－）
p.26参照

ロイック・ヴァカン（1960－）
ロイック・ヴァカンの研究テーマの中心は、故国フランスとアメリカにおける刑務所の収監者の増加にあった。ヴァカンは刑務所の混雑と現実の犯罪の増加は無関係だと主張する。逆に、収監は特定の少数民族集団や社会の周縁にいる人びとを抑圧する方法として使われているという。

マックス・ウェーバー（1864－1920）
p.58参照

ソースティン・ヴェブレン（1857－1929）
ノルウェー系アメリカ人、ソースティン・ヴェブレンは今日私たちが消費者文化とよぶものの解明に取り組んだ最初の社会学者の一人。消費者文化とは、私たちの価値やライフスタイルが購入した商品やサービスの利用によって形成される社会。「ヴェブレン財」とは価格が高くなるほど需要が増すような商品を意味する。

シルヴィア・ウォルビー（1953－）
イギリスの代表的なフェミニストの社会学者シルヴィア・ウォルビーは、社会における家父長制（男性の権力）の影響について多くの研究を行ってきた。ウォルビーは生活における6つの側面――家庭、職場、国家、セクシャリティ、文化、男性の暴力――に家父長制が見られるという。

バーバラ・エーレンライク（1941－）
アメリカのフェミニスト、バーバラ・エーレンライクは作家と政治活動家になるために、それまでの科学者としてのキャリアを離れた。1970年代、エーレンライクはオールドウェストベリーのニューヨーク州立大学で教鞭をとるとともにフェミニストの視点から女性の健康の社会学についての論文を書いた。『ニッケル・アンド・ダイムド』（2001）や『野生の神と暮らす』（2014）などの著作がある。

アミタイ・エツィオーニ（1929－）
アメリカ系イスラエル人の社会学者エツィオーニは小さな自治社会についての研究でよく知られている。エツィオーニはコミュニティの個々のメンバーは、もし彼らがコミュニティの全体的な運営に寄与するならば、特定の権利と自由を与えられなければならないと考える。

ノルベルト・エリアス（1897－1990）
ノルベルト・エリアスはドイツの思想家。第二次世界大戦前、ナチスの勢力が強まったとき、ユダヤ人だったエリアスは故郷を追われ、1935年にはイギリスに亡命。この間、エリアスは最も有名な著作『文明化の過程』（1939）を書きつづけた。これは中世以降の西洋社会におけるマナーと行動の変化についての歴史的研究である。

ジョージ・オウス
ジョージ・オウスの研究の基礎を形づくったのは、出身地ガーナの都市環境の急速な変化だった。オウスは、個人的な空間と所有についての西洋社会の見方にとらわれないことの必要性を明らかにした。アフリカ社会は独自の都市生活のモデルを必要としている。たとえば、経済的条件を超えたアイデンティティと親族関係というテーマである。

アン・オークレー（1944－）
イギリスの著名な社会学者・フェミニストであるアン・オークレーは、女性が行っている家事が、家庭外の仕事と同様の対価を支払う仕事と見なされるべきだと主張する。古典的著作『家事の社会学』（1974）でオークレーは、家事が、男性優位社会において女性と女性の労働を搾取する多くの方法の1つであると主張する。

ハロルド・ガーフィンケル（1917－2011）
アメリカの社会学者ハロルド・ガーフィンケルはエスノメソドロジーの創設者。エスノメソドロジーは、人は言語、ジェスチャー、行動を用いてどのように相互につながるのかに着目して社会を研究する方法。ガーフィンケルの思想は、現在の社会学の主流の一部をなしている。

マニュエル・カステル（1942－）
南カリフォルニア大学を本拠とするマニュエル・カステルは、グローバル化とコミュニケーションを専門とするスペイン出身の社会学者。彼は、社会的変化の背後にあるインターネット・ベースのテクノロジーの影響に注目している。

フェルナンド・エンリケ・カルドーゾ（1931－）
ブラジルの社会学者・政治家のフェルナンド・カルドーゾは、サンパウロ大学でブラジルの奴隷制度について博士論文を書いた。イギリスのケンブリッジ大学、アメリカのスタンフォード大学やカリフォルニア大学のような名門大学で教鞭をとった。カルドーゾは1995年から2003年まで第34代ブラジル大統領を務めた。

アンソニー・ギデンズ（1938－）
p.116参照

ハーバート・ギンタス（1940－）
p.151参照

アントニオ・グラムシ（1891－1937）
イタリアの政治活動家アントニオ・グラムシは、マルクス主義の共産主義者。1926年にファシストの指導者ベニート・ムッソリーニの暗殺計画に関与していたとの容疑でイタリアのファシスト党により収監された。獄中でグラムシは「文化ヘゲモニー」の理論を構築。これは支配的な社会集団である支配階級が自分たちの考えを「常識」と思わせるために社会の価値観を操る方法に言及した理論である。

アーヴィング・ゴッフマン（1922－1982）
カナダ系アメリカ人の社会学者アーヴィング・ゴッフマンの仕事は、シンボリック相互作用論を提唱したシカゴ学派ときわめて密接な関係がある。これは私たちが社会という舞台で劇を演じているという見方に似た考え方をする一派である。私たちは日常生活で「役」を演じており、その役回りは状況に応じて修正される。その結果、社会生活は予測可能になり、方向性が定まるように見えるという。

パトリシア・ヒル・コリンズ（1948－）
パトリシア・ヒル・コリンズは、アメリカのメリーランド大学のすぐれた社会学教授。彼女はキンバレー・クレンショーが最初に唱えた「インターセクショナリティ」という考え方を発展させた。これは、たとえばアフリカ系アメリカ人のような民族性が、階級やジェンダーのようなほかのアイデンティティの側面とどのように重なり合うかを探究する概念である。

オーギュスト・コント（1798－1857）
フランスの哲学者コントは社会学の創始者として広く知られる。コントは、生物学や化学のような自然科学の研究方法は、社会問題の研究にも活用できると考え、近代社会は非宗教的で科学的な原則に基づいて研究されなければならないと考えた。コントの思想は、ヨーロッパの大学で初の社会学教授になったエミール・デュルケーム（p.74参照）に強い影響を与えた。

エドワード・サイード（1935－2003）
パレスチナ系アメリカ人のエドワード・サイードは、ヨーロッパ諸国とアメリカの植民地にされた人びとの経験を調査した。サイードの代表作『オリエンタリズム』（1978）は、西洋文化がどのように東洋人を弱く劣った存在として歪曲して表現したかについて論じた研究である。

サスキア・サッセン（1947－）
p.112参照

ゲオルク・ジンメル（1858－1918）
ドイツの社会学者ゲオルク・ジンメルは、人がどのように歩いたり、話したり、町の中を動き回ったりしているかといった日常生活の細かい観察に基づいた研究を行った。ジンメルは、都市の生活が人びとの環境の認識をどのように形成するかに関心を抱いた。

シャロン・ズーキン
都市は長い間、社会学者の研究領域でありつづけてきた。アメリカの研究者シャロン・ズーキンは上流階級のレベルに合わせて地区を再開発する「ジェントリフィケーション」の背後のプロセスに光を投じた。著書『ロフト・リビング』（1982）は、かつての衣服の製造業者の地区から、のちにアーティストのスタジオになったニューヨークのソーホー地区が、どのようにして高所得者向けのアパートやブティックにふさわしい地区になったかを論じている。

アンドリュー・セイヤー（1949－）
イギリスの社会学者アンドリュー・セイヤーの最も有名な研究は『階級におけるモラルの意義』（2005）である。セイヤーは倫理的・道徳的な問題と不平等との関係を考察し、社会階級と道徳の関係だけでなく、階級が、人びとの自分や他人についての考え方や評価をどのように形づくるのかにも関心を示した。

リチャード・セネット（1943－）
広範なテーマにわたる著作のあるアメリカの社会学者リチャード・セネットは、資本主義が一般人の人生に及ぼす悪影響を探究した。セネットの最も重要な主張の1つは、資本主義が人びとの意義のある人生を疲弊させたという点にある。それはとくに職場において顕著であり、現代の管理方法が従業員の仕事への満足や自分自身に価値を感じるのを妨げているとセネットはいう。

ボアベンチュラ・デ・ソウサ・サントス（1940－）
p.106参照

ブライアン・S・ターナー（1945－）
ターナーはイギリスで生まれ、世界中で暮らし、ヨーロッパ、アジア、アメリカ、オーストラリアの大学で教鞭をとった。ターナーが取り組んだ社会学のテーマは、私たちが生物学的・文化的にどのように身体をとらえているかということから、現代社会が宗教をどのように変容させたかということまで、あらゆる事柄に及んでいる。

ナンシー・チョドロウ（1944－）
フェミニストの社会学者で精神分析医でもあるナンシー・チョドロウは、アメリカのカリフォルニア大学バークレー校で多くのキャリアを重ねた。社会学研究の基礎として自らの精神分析のトレーニングを活用し、『母親業の再生産』（1978）、『フェミニズムと精神分析理論』（1989）などの多くの重要な著作を書いた。

W・E・B・デュボイス（1868—1963）
アメリカの社会学者・市民権活動家のウィリアム・デュボイスは、1895年、ハーバード大学で博士号を得た最初のアフリカ系アメリカ人。アトランタ大学で職を得たのち、アメリカ社会におけるアフリカ系アメリカ人のアイデンティティと経験について今日古典的研究とされている著作を執筆した。

エミール・デュルケーム（1858—1917）
p.74参照

クリスティーヌ・デルフィ（1941—）
フランスの社会学者でフェミニストのデルフィは、1970年にフランスで女性解放運動を立ち上げた。彼女は、家庭環境での女性の不平等が及ぼす効果を研究する「唯物論的フェミニスト」である。とくに結婚契約において男性が女性を搾取していると考え、これを「労働契約」と表現した。

フェルディナント・テンニース（1855—1936）
ドイツのフェルディナント・テンニースは世界で最初の社会学者の1人。テンニースは自身が目撃した社会の急劇な変化を理解しようとした。とくに興味を抱いていたのは、都市生活の拡大によって伝統的な人びとの相互の結びつきにもたらされた変化であった。テンニースは田舎の生活におけるゲマインシャフト（自然共同体）と都市生活におけるゲゼルシャフト（利益共同体）との間に緊張が生じると考えた。

ヘルガ・ノヴォトニー（1937—）
オーストリアを代表する社会学者の1人ヘルガ・ノヴォトニーは科学とテクノロジーをめぐる社会学について広範な著作がある。彼女は社会がどのように科学に影響し、また科学がどのように社会学に影響を及ぼすかを探究している。ノヴォトニーは時間の社会学、ならびに異なる社会における時間についての考え方のちがいについても関心を寄せる。

タルコット・パーソンズ（1902—1979）
アメリカの社会学者タルコット・パーソンズは、構造機能主義と呼ばれる社会学の形式と関わっている。その基本的な考え方は、安定した社会であるためには、だれもが社会秩序を維持するための役割を果たさなければならないというもの。その鍵は社会化、つまりどのように社会が許容しうる行動を身につけるかにある。

レイ・パール（1935—2011）
イギリスの社会学者レイ・パールは、仕事とは会社や職場で報酬をもらってするものばかりではなく、友人同士やコミュニティ間で無給で行われるものもあると指摘した。パールの革新的な研究は、イギリスのシェピー島における仕事の編成についての詳細な研究だった。のちにパールの研究テーマは、分断された困難な世界で人がどのようにして友情やつながりを維持しているかに向けられた。

ジグムント・バウマン（1925—2017）
p.132参照

ロバート・D・パットナム（1941—）
アメリカの社会学者ロバート・パットナムは「社会関係資本」という概念の提唱者としてよく知られている。この概念は『孤独なボウリング』（2000）で取りあげられ注目を集めた。おおまかにいえば、パットナムは、社会が円滑に機能するのは、コミュニティの絆が緊密であると人びとが感じるときだと主張する。他人とのつながりが豊かであればあるほど社会は健全化し、犯罪率は低下し、全体的な幸福度がより高まると彼は考えた。

ジュディス・バトラー（1956—）
p.20参照

ミシェル・フーコー（1926—1984）
哲学者・社会理論家ミシェル・フーコーは、とくに権力とその行使のされ方の問題に注目した。物理的な力の行使だけではなく、人を異物や問題と見なして弁別する仕方に興味を寄せた。重要な著作の1つ『監獄の誕生』（1975）では、「監視」というテーマに関する自分の考えを発展させた。フーコーは監視が効果を発揮するには、人びとが自分は監視されていると思うだけで十分だと考えた。

ベル・フックス（1952—）
アフリカ系アメリカ人のフェミニスト。本名はグロリア・ジーン・ワトキンズだが、ベル・フックス（bell hooksと小文字で綴る）というペンネームを用いている。フックスは1970年代と80年代のフェミニズムは黒人女性の特別な状況を考慮していず、階級が女性の経験にちがいを生じさせていることをまるで理解していないと強く感じていた。

ピエール・ブルデュー（1930—2002）
p.126参照

ハワード・ベッカー（1928—）
p.84参照

ウルリッヒ・ベック（1944—2015）
エリーザベト・ベック=ゲルンスハイム（1946—）
ドイツのウルリッヒ・ベックとエリーザベト・ベック=ゲルンスハイム夫妻は共同で『愛は遠く離れて』（2011）などの本を書いた。この本はグローバル化する世界における恋愛関係の変化についての研究である。ウルリッヒ・ベックは、グローバル化が環境災害と社会秩序の崩壊のリスクを高めると考えた。

サミュエル・ボウルズ（1939—）
ハーバート・ギンタス（1940—）
ともにアメリカ出身の社会学者。サミュエル・ボウルズはマルクス主義者で、経済学教授。ハーバート・ギンタスは行動科学者・社会生物学者で、その研究は社会的行動が遺伝子に影響されるという理論に基づく。ボウルズとギンタスは、共同で資本主義社会の教育についての古典的研究『アメリカ資本主義と学校教育』(1976) を発表した。

ジャン・ボードリヤール (1929—2007)

フランスの社会学者・哲学者のジャン・ボードリヤールの最もよく知られた仕事は、社会におけるメディアの力についての研究である。ボードリヤールは、今日の人びとはメディアを通して得たイメージ (ハイパーリアリティ) のほうが、メディアが伝えようとしている出来事より真実みを感じるという。

スチュアート・ホール (1932—2014)

ジャマイカ生まれのスチュアート・ホールは、イギリスの最も影響力のある社会学者・理論家の1人。その研究は多くの異なる領域にわたっているが、とりわけ黒人でイギリス人であるという自身の複雑な経験とイギリス社会における人種主義のさまざまな展開に注目した。

アーリー・ホックシールド (1940—)

p.64参照

ヘルベルト・マルクーゼ (1898—1979)

ドイツ系アメリカ人のヘルベルト・マルクーゼは、フランクフルト学派として知られるマルクス主義の学者グループとつながりがあった。マルクーゼは、消費主義が人びとにどのように影響したかの探究に力を注いだ。消費主義は、他者の世話をして私たちの生きる社会を改善したいという真の願望よりも、偽りのニーズ (たとえば新車を持つこと) の創造を促すと彼は主張した。

カール・マルクス (1818—1883)

p.36参照

チャールズ・ライト・ミルズ (1916—1962)

p.46参照

ブルーノ・ラトゥール (1947—)

フランスの哲学者・社会学者ブルーノ・ラトゥールは、アクターネットワーク理論で知られる。私たちの日常生活は人びとの相互の交流から成り立っており、そうしたネットワークなしには何も起こらないというのが基本的な考え方。ブルーノはこのネットワークにはテクノロジーも含まれると主張した。

アルバート・ゲレイロ・ラモス (1915—1982)

ゲレイロ・ラモスは、出生地ブラジルの社会学的研究が少数民族の生活改善になんら役立っていないとして、その方法を強く批判した。多くの人びとが直面している問題が解決されていないことが、ラモスに良い社会をつくるのに必要なものが何かを考えるきっかけを与えた。

アドリエンヌ・リッチ (1929—2012)

アメリカの研究者アドリエンヌ・リッチは、フェミニストの詩人でエッセイストだった。彼女は同性愛者やレスビアンがどのように社会の片隅に追いやられたり、汚名をきせられたりしているかについて研究を行った。異性愛の思想は私たちに押しつけられたものであり、それは直接的な発言や、本や映画や新聞のような大衆文化における性的な描写を通じて助長されると述べた。

ジョージ・リッツァ (1940—)

アメリカの社会学者ジョージ・リッツァは、日常生活の多くの側面がますますファーストフード・ハンバーガー・チェーンのように組織化されていると指摘する。これによって、あらゆるものが均質化し、期待通りのものが手に入るようになったが、一方、驚きがなくなり、刺激や目新しさの感覚も失われるので、人生は退屈になるという。

ニクラス・ルーマン (1927—1998)

ドイツの社会学者ニクラス・ルーマンは、社会がどのように動いているかに関心を抱き、社会が法律、教育、経済、政治などの別々の社会システムからなっているという「社会システム論」を発展させた。それぞれのシステムはより広い社会を自分流に解釈しているに過ぎない。たとえば、経済システムはすべてをお金の観点から見る。このためシステム同士が互いに衝突して摩擦を引き起こすとルーマンはいう。

アンリ・ルフェーブル (1901—1991)

フランスの社会学者アンリ・ルフェーブルは、都市の機能の仕方と、都市空間が支配と対立によってどのように決定されるのかを研究した。『空間の生産』(1974) で、ルフェーブルは資本主義社会が空間を商品と見なそうとし、一般人はこれに抵抗しようとしていると指摘する。ルフェーブルはだれでも「都市への権利」をもっており、それは支配階級と社会的エリートから権力を奪うための急進的なアプローチを必要とすると考えた。

ミシェル・レヴィ (1938—)

ブラジルで生まれフランスに移住したミシェル・レヴィはマルクスとマルクス主義理論に関する著作で知られる。レヴィは資本主義のロマンチックな批評を擁護する。私たちはより良い将来の世界の展望を必要とし、それは資本主義が登場する前には、たとえば「協力」のような社会の最良の側面によって構成されていたと述べる。

ハルトムート・ローザ (1965—)

ローザの研究は、カール・マルクスの疎外の考え方に通じる。ローザは現代社会の加速化が進んで、人はますます時間が少なくなったように感じ、すべての要求を十分満たすのは困難に思えているという。その結果私たちは、本当の自分自身を見いだして、したいことをするのは不可能だという感覚に追いやられている。

用語解説

行

アイデンティティ　Identity
自分がだれであるか、他人が性別や外見や個性といった特徴から自分をどのように見ているかという感覚。

アノミー　Anomie
目的を見失った混乱状態。正常な社会が突然崩壊して、慣れ親しんだルールや規範が意味をなさなくなったときに人はアノミーを経験する。

異性愛者　Heterosexual
異性に惹きつけられる人。

逸脱　Deviant
ある社会の通常の規範を破る人や行動。

うつ　Depression
悲しみ、絶望、人生への興味の喪失などの感覚を引き起こす長期的な精神障害。頭痛、関節炎や強い疲労感などの身体的症状を伴うのが一般的。

エスニシティー　Ethnicity
ある集団にアイデンティティを与えている言語、文化、信条などのこと。

エスノグラフィー　Ethnography
民族とその文化の研究。民族誌ともいう。

エリート　Elite
ある社会において高い地位と富と権力をもっている一団の人たち。

行

階級　Class
権力、富、社会的地位がほぼ同等な人たちの集団。

家事労働　Domestic work
料理、掃除、育児などの家庭における無報酬の労働。

仮想アイデンティティ
Virtual identity
オンライン上のソーシャルメディアの中に創られた個人的プロフィール。そのユーザーの真実の姿とは異なる可能性がある。

価値観　Values
社会の人びとが正しい行動、目的、態度であると見なすもの。

活動家　Activist
強固な政治的・社会的な信念をもって既存のシステムの変革のために行動する人。活動家は通常、組織された集団に属している。

環境　Environment
人や動物や植物が生きる環境。

環境差別　Environmental racism
人びとを危険な化学製品にさらしたり、彼らの故郷を破壊したりするなどしてマイノリティー集団の環境権を無視すること。

監視　Surveillance
犯罪防止などのために人や場所を詳細に観察すること。監視カメラの使用や、ソフトウェアを用いた個人情報監視システムのような技術も含まれる。

感情労働　Emotional labour
従業員に仕事の一部として感情の管理が要求される仕事。たとえば、会社のイメージアップのために、市民に対してつねに親しみやすく共感的にふるまうことを要求される労働など。

気候変動　Climate change
世界の気温と気候パターンの長期的変化。科学者の多くは、化石燃料の燃焼のような人間活動が現在の地球温暖化をもたらしていると考えている。

協同組合　Cooperative
労働者などによって所有･運営される事業。協同組合の構成員は全員が意思決定と利益の分配についての発言権をもつ。

国　State
国家あるいは認められた境界と組織化された政治制度に基づく政治的領域を表す一般的な用語。アメリカのように国内の異なる領域をState（州）という場合もある。

グローカリゼーション　Glocalization
世界中で手に入れることのできる（グロー

バルな）消費財やサービスがローカルな趣向や文化に取り入れられて生まれる価値の融合。

グローバリゼーション　Globalization
世界中の社会が貿易、産業、通信、文化交流などを通して相互につながるプロセス。

ゲゼルシャフト　Gesellschaft
実用的・機能的な目的でつながった人びとの集まりであり、大きな組織や地域における人びとの非個人的な関係。

ゲマインシャフト　Gemeinshaft
深いつながりと価値が共有されている人びとの共同社会。

顕示的消費
Conspicuous consumption
富と地位を誇示する目的で、高価だが不必要な商品やサービスにお金を使うこと。

構造　Structure
社会階級や民族的出自のような、自分では選ぶことのできない人生の要素。

合理化　Rationalization
ドイツの経済学者・社会学者マックス・ウェーバー（p.58参照）が唱えた理論で、現代社会がますます論理性と効率性という価値にしたがって組織されていくという考え方。

個人主義　Individualism
各人には考えたり行動したりする自由があるという考えは、社会で最も重要なものである。

コミュニティ　Community
利益や特徴（同性愛者であるなど）を共有する集団。かならずしも同じ場所に住んでいるわけではない。

雇用　Employment
報酬を支払われる職に就いている状態。

行

サブカルチャー/亜族
Subculture/Subtribe
主流社会とは異なる興味や行動のパターンを共有している集団の人びと。特徴のある服を着たり、特定のタイプの音楽を聞いたり、自分たちを象徴する名称をつけることで自分自身を確認する。

差別　Discrimination
皮膚の色、性別、年齢などによって人びとを不公平に扱うこと。

ジェンダー　Gender
男女の生物学的なちがいとは別に、男女のちがいを社会的・文化的観点からとらえる考え方。

資本主義　Capitalism
経済システムの1つ。政府ではなく個人が工場のような生産手段と労働力を私的に所有・経営して利益を上げる。

社会化　Socialization
人びと、とくに子どもが社会に適応して、期待される通りに行動することを学ぶプロセス。

社会階級　Social class
富、教育、地位のような要因によってふり分けられる社会集団の1つのあり方（「エリート」「中流階級」「労働者階級」を参照）。

社会構造　Social structure
社会の枠組みをつくる社会制度や社会関係。

社会的構成　Social construction
思想は現実に基づいてというより個人の社会的背景によって形成される。たとえば、階級、ジェンダー、セクシャリティ、人種についての考え方は社会的に構築されたものである。

社会的流動性　Social mobility
個人または集団が、ある社会階級からほかの社会階級へ移動すること。

宗教　Religion
単一の神、複数の神々、または超自然的な力への信仰のシステム。ほとんどの宗教は、ある種の儀礼や式典を含む。

主体性（エージェンシー）　Agency
社会学の用語で、独立した行動と自由な選択を可能にする人間の能力を指す。

消費者　Consumer
商品やサービスを自分自身が使用するために買う人。

情報監視　Dataveillance
電子的な個人データから人びとの活動を追跡すること。携帯電話の通話や、インターネットの使用状況、電子メールなどの監視を含む。

植民地主義　Colonialism
ある国がほかの国を支配して、植民地にするシステム。被支配国の政治的全権を握る宗主国は、植民地の資源を自分たちの利益のために搾取する。

人種差別主義　Racism
民族的出自、とくに皮膚の色のために人びとが不当に扱われること。人種差別主義は、前提とされている生物学的差異の曲解に基づく。

スティグマ　Stigma
人を社会に完全に受け入れるのを妨害する不名誉の強い感覚、あるいは大衆の拒否感情。

ステレオタイプ　Stereotype
個人または集団について広く行きわたった固定観念。多くの場合、ステレオタイプ化はきわめて単純化された見方につながりがちで、誇張されたり、不正確だったりするイメージを生み出す。

性差別　Sexism
男女のちがいを理由に偏見をもったり不公平な扱いをしたりすること。

精神病　Mental illness
人の気分、感情、個性、行動にさまざまな程度の影響を及ぼす広範囲な健康状態の1つ。

制度　Institutions
宗教、教育、法律のような社会を構築する組織のルール。

性同一性障害　Transsexual
異性の一員になりたいという強い願望のある人。肉体的外見を変えるために医療サポートを求めることもある（「トランスジェンダー」も参照）。

世俗化　Secularization
宗教がその影響力を喪失するときに起こる変化。文化的な価値観やルールが社会にとってより重要になる。

ソーシャルメディア　Social media
ユーザーがオンライン上で、情報やニュースや考えを共有し、友だちとして情報交換するのを可能にするウェブサイトや通話アプリ。

疎外　Alienation
マルクス主義の用語で、友人、仕事、社会から切り離された感覚を意味する。疎外は、自分の行為や自分の生産するものに「ノー」と言えない立場の労働者の間で一般的であるという。

行

大衆社会　Mass society
現代の工業化された社会は、一般的な文化を共有してはいるが、互いに密接につながっているわけではない人びとの集団からほぼ構成されている。

地位　Status
社会の中における、ある人の社会的・専門的立場。

地方　Rural
田舎・農村部にかかわる。

中産階級　Middle class
エリートと労働者階級の中間の社会集団。比較的安定したライフスタイルと中程度の富をもつホワイトカラー・ワーカーが多い傾向がある。中流階級。

調査　Survey
社会学的研究でしばしば使われる方法。注意深く作成された一連の質問からなる情報収集方法であり、人びとが何を行い何を考えているか、できるだけ深く迫ることができるよう工夫されている。

データ　Data
研究や参照のために集められた統計値や数値、その他の情報。

データセット　Data set
コンピューターで処理可能な、部分的な情報の集積。国勢調査のような、ひとまとまりの情報。

道徳的義務　Moral duty
人は社会が正しいと見なす価値観にしたがって行動すべきだとする責任感。

都市部　Urban
町または都市にかかわる。

トランスジェンダー　Transgender
行動と自分らしさの感覚が、本人の生物学的性別と一致していない人を指す用語（「性同一性障害」も参照）。

トランスナショナル企業
Transnational corporation (TNC)
親会社と世界の多くの国で運営される関連会社のネットワークからなる大企業。「多国籍企業」と呼ばれることもある。

行

ノーム　Norm
一般に認められた社会的なルールまたは規範。

覇権　Hegemony
ある集団がほかの集団を支配するときに用いられる権力または権威。

ハビトゥス　Habitus
特定の社会集団に共有されるライフスタイルや文化的傾向。

半構造化インタビュー
Semi-structured interview
インタビューの相手を非公式な会話に引きこんで、自由に話してもらう社会学的研究方法。

ビジネスクラス　Business class
会社を所有して、従業員を雇って事業を経営する人たち。

貧困　Poverty
食べ物、住まい、衣服といった基本的なニーズの欠如は「絶対的貧困」と呼ばれる。「相対的貧困」は、社会生活を営むうえで最低限の財産や収入が得られない状態。

フェミニズム　Feminism
女性と男性には同等の社会的・政治的・経済的な権利がなければならないという信念。

フォーカスグループ　Focus group
社会学者が多く用いる研究方法。特定の問題や状況について話し合うために集められた人たちのグループ。

ブルーカラー・ワーカー
Blue-collar worker
「内勤の」仕事ではなく肉体労働をする労働者。20世紀初めの労働者の一般的な服装だった青いオーバーオールに由来する（「ホワイトカラー・ワーカー」も参照）。

プレカリアート　Precariat
「不安定」を意味する“precarious”と「労働者」“proletariat”を結合した用語。雇用の安定、または十分な収入のない人たちを指す。

プロレタリアート　Proletariat
マルクス主義の用語で、労働者階級の人たちを指す。

文化　Culture
特定の集団や社会の構成員によって共有される芸術、活動、思想、習慣、価値観。

文化的雑食性　Cultural omnivore
バレエのようなハイソな文化からロックミュージックのような大衆文化まで、さまざまな種類の社会活動を楽しむこと。

弁証法　Dialectic
2つの対立する意見が統合されることによって新しい見方が創造されること。

ホワイトカラー・ワーカー
White-collar worker
肉体労働を必要としない会社員のような労働者（「ブルーカラー・ワーカー」も参照）。

行

マルクス主義　Marxism
19世紀のドイツの思想家・社会学者カール・マルクス（p.36参照）とフリードリッヒ・エンゲルスの思想から発展した社会理論。マルクス主義は、社会には支配階級と労働者階級という2つの主要な階級があり、支配階級は自らの利益のために労働者階級を搾取すると見る。マルクスはこの不公平なシステムを覆す必要があると考えていた。

メディア　Media
マスメディアともいう。大衆に情報をもたらすコミュニケーションの媒体であり、新聞、ラジオ、テレビ、インターネットなどがある。

役割　Roles
社会において性や年齢などに応じて期待される行動の種類。

リハビリテーション　Rehabilitation
正常な状態に戻すこと。犯罪者のリハビリテーションでは一般的に、治療や教育を通して社会復帰を援助する。

労働者階級　Working class
特定の技術を必要とする、あるいは必要としないさまざまな仕事を行う労働者たちを示す用語。一般に社会的地位は低い（「ブルーカラー・ワーカー」も参照）。

労働倫理　Work ethic
勤勉であることに価値があるとする信念。それが人間としての価値と人格を向上させるといわれている。

索引

行

行

行

行

行

出典一覧

Dorling Kindersley would like to thank Dr Megan Todd for writing the Introduction (pp6–7); Hazel Beynon for editing the biographies and proofreading; and Helen Peters for the index.

The publisher would like to thank the following for their kind permission to reproduce their photographs:

(Key: a–above; b–below/bottom; c–centre; f–far; l–left; r–right; t–top)

6 Alamy Stock Photo: Image Source (c). **Dreamstime.com:** Darrinhenry (cl); Syda Productions (cr). **6-7 123RF.com:** Igor Zakharevich (c). **7 Alamy Stock Photo:** Phanuwat Nandee (tr); NASA Archive (tl). **Dreamstime.com:** Ian Allenden (cr); Pawel Szczepanski (c). **17 Dreamstime.com:** Atholpady (ca). **18 Getty Images:** Historical (cb). **23 Dreamstime.com:** Kristina Afanasyeva (tr). **25 Dreamstime.com:** Yanik Chauvin (br). **29 Dreamstime.com:** Olga Besnard (br). **30 Getty Images:** David Madison (bc).
32 Getty Images: Vstock LLC (bc). **35 Getty Images:** Monty Rakusen (bc). **44 Dreamstime.com:** Tyler Olson (bc). **49 Getty Images:** AFP (br). **51 Getty Images:** Daily Herald Archive / SSPL (br). **53 Alamy Stock Photo:** Roger Parkes (cra). **54 123RF.com:** William Perugini (bc). **57 Dreamstime.com:** Milla74 (br). **61 Alamy Stock Photo:** OJO Images Ltd (br).
63 University of Birmingham: STRANDS - strands-project.eu (br). **66 123RF.com:** Ximagination (cb). **Dreamstime.com:** Mystock88photo (cb). **79 123RF.com:** feverpitched (bl). **83 Getty Images:** Boston Globe (tr). **89 Alamy Stock Photo:** Lumi Images (bc). **92-93 Dreamstime.com:** Paura. **95 Alamy Stock Photo:** Martin Thomas Photography (crb). **97 Getty Images:** Image Source RF / Cadalpe (cra). **99 Getty Images:** JGI / Jamie Grill (ca). **101 Dreamstime.com:** Chicco7 (tr). **105 Dreamstime.com:** Dibrova (cra). **109 Dreamstime.com:** Buccaneer (br). **111 123RF.com:** Serghei Starus (br). **115 Dreamstime.com:** Savone (bc). **120-121 Dreamstime.com:** Hongqi Zhang (aka Michael Zhang). **122 Dreamstime.com:** Ciolca (bc). **124 Alamy Stock Photo:** Peter Jordan_NE (bc). **129 Dreamstime.com:** Alan Dyck (br). **131 Getty Images:** Maciej Noskowski (ca). **135 123RF.com:** Tatiana Gladskikh (br). **141 123RF.com:** Daniel Jędzura (tr). **145 123RF.com:** Cathy Yeulet (cra).

All other images © Dorling Kindersley
For further information see: www.dkimages.com